R

43366.

SCHELLING

ou

LA PHILOSOPHIE DE LA NATURE

ET

LA PHILOSOPHIE DE LA RÉVÉLATION.

IMPRIMERIE DE GUSTAVE GRATIOT, RUE DE LA MONNAIE, 11.

SCHELLING

OU

LA PHILOSOPHIE DE LA NATURE

ET

LA PHILOSOPHIE DE LA RÉVÉLATION

Par M. Matter

INSPECTEUR GÉNÉRAL DES BIBLIOTHÈQUES PUBLIQUES DE FRANCE,
ancien inspecteur général de l'Université.

Nouvelle Édition, considérablement augmentée.

PARIS.

AU COMPTOIR DES IMPRIMEURS-UNIS

Quai Malaquais, 15.

1845

PRÉFACE.

Je me suis plusieurs fois occupé de l'enseignement philosophique de M. de Schelling, un des plus remarquables qui se sont produits en Allemagne depuis Kant. J'en ai donné des esquisses dans des recueils encyclopédiques, dans des revues littéraires. J'étais là confiné dans des limites très restreintes. En 1843 on avait fait un tirage spécial d'un de ces articles publiés dans une de nos revues. On m'en demandait un nouveau tirage. Cette demande était motivée sur l'importance que M. de Schelling venait de rendre à sa parole, en allant professer à Berlin après trente ans de silence. Je me suis rendu à ces considérations et décidé à consacrer un travail un peu étendu au célèbre doyen de la philosophie contemporaine. Ses doctrines méritent une attention nouvelle. Elles sont arrivées par d'éclatantes métamorphoses à la plus grave et à la plus simple de toutes les conclusions, celle que l'intelligence humaine n'a rien de mieux à faire, même en philosophie, que de s'humilier devant l'intelligence divine, que d'étudier les textes sacrés offerts à tout le monde.

Ainsi apparaissent successivement et dans la vie du même homme trois phases diverses, qui sont plus ou moins celles de l'esprit humain en général, celle de tout penseur en particulier. C'est d'abord *l'étude de la nature;* c'est ensuite *celle de l'homme;* c'est enfin *celle de Dieu.* C'est ce que M. de Schelling et l'école allemande appellent la *philosophie de la nature,* la *philosophie de l'esprit,* la *philosophie de la révélation.*

Après avoir professé les deux premières de ces sciences d'une manière très distinguée, le chef des métaphysiciens d'Allemagne professe aujourd'hui la troisième avec un éclat et une ferveur qui présentent assurément un des plus grands phénomènes du siècle.

Je ne me fais pas illusion sur les résultats immédiats de cette conversion de la philosophie à la religion. Ces résultats se feront attendre. Ceux qui s'annoncent dès maintenant peuvent être contestés, et ils le sont. Mais ce qui ne l'est pas, c'est la sincérité du fait, c'est son importance dans le monde de la spéculation germanique, ce sont les sympathies que rencontre l'illustre professeur lorsque, devant la jeunesse de la première université d'outre-Rhin, devant un auditoire composé quelquefois de ce qu'une ville savante offre de plus savant, il proclame cette supériorité de la révélation que, depuis tant de siècles, on cessait de proclamer dans les chaires de la philosophie, pour ce qui concerne les plus hauts problèmes de la raison.

M. de Schelling, qui est d'un âge avancé, aura-t-il le temps d'achever la doctrine qu'il ébauche avec tant de zèle et de talent? Formera-t-il une école qui continuera son œuvre? Cette œuvre se concentrera-t-elle sur l'Allemagne, ou se communiquerat-elle aux nations voisines? Trouvera-t-elle des sympathies parmi nous, qui paraissons suivre des tendances semblables aux siennes, ou bien la différence des mœurs et du génie des nations, celle des langues et des études, y sera-t-elle un obstacle?

A tous ces égards, les uns craignent, les autres espèrent, d'autres sont indifférents. Réveiller les uns de l'indifférence, qui est pire que le sommeil et qui devient facilement la mort, et montrer aux autres ce qu'il convient de craindre et ce qu'il convient d'espérer : tel est le but de ce volume. Mais je tiens à le dire, et je le redirai tout à l'heure : C'est une simple esquisse que je présente sur la carrière philosophique de M. de Schelling, ce n'est pas un exposé complet de son enseignement.

OBJET ET PLAN DE CET OUVRAGE.

L'Allemagne a eu de nos jours une fortune qui est rare dans les annales de la pensée, deux philosophes éminents, deux chefs d'écoles, deux réformateurs de systèmes anciens, deux créateurs de systèmes nouveaux, et tous deux nés à la même époque, dans la même contrée.

L'un et l'autre ont fait école par d'immenses travaux, par des leçons pleines d'éclat; l'un et l'autre ont exercé cet ascendant qu'il n'appartient qu'aux hommes supérieurs d'exercer sur de nombreux contemporains.

Je vais essayer une esquisse de leurs travaux, après avoir donné une esquisse de leur vie.

Je ne promets à mes lecteurs ni une analyse complète, ni une critique étendue de deux systèmes; je ne promets que deux esquisses.

Je ne prétends pas non plus offrir un écrit d'un grand intérêt. Chacun sait ce qu'est la vie d'un philosophe allemand ; chacun se fait une idée de l'attrait que peuvent présenter ses travaux, et j'ajoute des clartés que doit rayonner sa terminologie.

Sous ce dernier rapport, Schelling et Hegel passent même un peu la mesure d'obscurité qu'on est convenu de souffrir, et il est certain qu'on ne saurait se faire comprendre parmi nous en employant leur langage. Mais puisqu'il est certain aussi que la pensée d'un homme est inséparable de la forme qu'il lui donne, pour avoir cette pensée, il faut bien la prendre et la produire dans son moule. Je devrai donc employer quelquefois la terminologie de mes deux philosophes.

C'est assez dire que je fais une œuvre difficile.

Elle n'est pourtant que difficile, elle n'est pas impossible. Je la dirais volontiers ingrate. Elle offre cependant trois problèmes qui me séduisent. Ces problèmes, les voici.

D'abord, les deux philosophes qui ont commencé pour ainsi dire par n'en être qu'un, par avoir les mêmes idées et les mêmes sympathies, ont fini par être deux, et par n'avoir plus ni leurs anciennes idées, ni leurs vieilles sympathies. Comment s'est faite cette double métamorphose ? Premier problème.

Ensuite, dès que la rupture eut éclaté, ni ces deux hommes, ni leurs disciples ne se sont plus entendus sur aucun point, pas même sur la propriété ou la part apportée par chacun à l'ancienne association. Ne l'ont-ils pas pu, ou ne l'ont-ils pas voulu ? Second problème.

Enfin ces deux penseurs qui se sont si bien démontré l'un à l'autre leur insuffisance réciproque, ont pourtant inspiré, non pas seulement à leurs disciples, mais à des hommes distingués de ce siècle, et à un philosophe étranger que je proclamerais supérieur à tous deux, s'il n'était pas mon compatriote, un enthousiasme qui ne va plus croissant, il est vrai, mais qui dure depuis plus de quarante ans. Or, on n'inspire pas cet enthousiasme, si exagéré ou si passager qu'il puisse paraître, sans un mérite bien réel, bien spécial. Qu'est-ce donc, en dernière analyse, ce qu'offrent de neuf ou de grand l'un et l'autre des deux chefs de la philosophie allemande ? Troisième problème.

Ces trois problèmes qui seront curieux encore quand la doctrine de Schelling et de Hegel sera devenue ce qu'est depuis assez longtemps celle de Reinhold et de Fichte, les deux premiers réformateurs du kantisme, ne sont pas tout ce qui me séduit dans la vie ou dans les travaux de ces deux hommes; mais ils sont ce qui m'y séduit le plus, et ces problèmes je viens un peu les débattre. Je ne viens pas les résoudre, je viens seulement les présenter, les mettre dans tout leur jour, et en préparer la solution à ceux qui après nous devront l'offrir à leurs contemporains.

Mettre ces problèmes dans tout leur jour, c'est d'abord montrer ce qu'ils ont de difficile et d'insoluble pour nous qui assistons à la mêlée; et cela ne promet pas beaucoup de lumière au premier aspect. Je considère cependant l'examen de ces questions comme une des choses les plus curieuses auxquelles puisse se livrer un esprit philosophique en loisir, et quand on a donné un peu de temps à l'étude du partage à faire entre Platon et Aristote, entre Descartes et Malebranche, entre Leibnitz et Wolf, pourquoi ne donnerait-on pas quelques heures à l'inventaire de deux contemporains célèbres ?

Toutefois, quand je parle d'esprits en loisir, ce n'est pas à la simple curiosité, c'est bien à la méditation philosophique que je m'adresse. En philosophie on ne doit guère se flatter de *lire*, il y faut tout épeler. Tout y est un peu mystère et demande méditation. Mais la méditation n'est pas une anomalie dans la vie de l'intelligence, elle en est l'état naturel. Une intelligence bien organisée ne cesse de méditer qu'autant qu'elle est malade, aliénée, endormie, abrutie ou dissipée. Les distractions même qu'elle cherche, sont encore de la méditation. Et la méditation n'est pas nécessairement un travail, une fatigue. Elle ne l'est pas naturellement. Elle est pour l'esprit ce que la digestion est pour l'estomac, ce que la respiration est pour le cœur. Pour qu'elle n'ait pas lieu, il faut une cause de trouble et de stagnation.

Aussi quand j'en suis à me laisser tenter par une œuvre difficile, je me prête à une tentation complète, celle de mettre ce débat à la portée de ceux-là même qui s'alarmeraient de passer pour des penseurs. Cela peut paraître téméraire. Cela ne l'est pas. Je donne deux esquisses de biographie et de bibliographie; puis j'expose et je discute un peu deux systèmes; mais je ne les étale pas au soleil; je les fais voir à travers branches. Pour que je pusse les montrer tout à fait, il faudrait qu'on voulût me suivre à travers les huit volumes de M. de Schelling, et les dix-huit de Hegel. Je ne saurais avoir l'ambition de me faire tenir compagnie dans une marche aussi longue.

Je n'aurais pas même le loisir de conduire si

loin, et je craindrais, si je l'avais, qu'après une course aussi pénible, il n'y eût pas beaucoup de gens bien satisfaits.

En effet, tout n'est pas neuf dans l'enseignement des deux philosophes; et dans ce qui est neuf, il se trouve encore plus d'énigmes que de solutions.

Quand j'ai parlé tout à l'heure de trois problèmes, j'aurais dû en ajouter un quatrième, à savoir lequel des deux chefs d'école doit être étudié le premier?

C'est le plus jeune des deux qui s'est illustré d'abord. Puis le plus vieux s'est fait presque le plus jeune en éclipsant pendant vingt ans celui qui avait brillé avant lui et devait briller encore après lui.

L'imbroglio est tel que, pour en sortir, on devrait peut-être les traiter en jumeaux et faire marcher de front leur vie et leur pensée, ou leurs vies et leurs pensées; mais ce parallèle ne ferait qu'augmenter l'obscurité du sujet.

La mort semble avoir établi une priorité incontestable en fermant la carrière de l'un et en rouvrant celle de l'autre, qui déjà semblait fermée. Hegel étant mort depuis quinze ans, on dirait que le biographe n'a qu'à présenter le premier celui-là dont la parole s'est éteinte la première. Mais puisque le système de Hegel, si ce mot peut passer, n'est qu'une réforme de celui de Schelling, il est évident qu'il faut commencer par celui qui a paru le premier. C'est celui de M. de Schelling qui a cet avantage. Je commencerai donc par une esquisse de la vie, des travaux et de la doctrine de Schelling. J'y joindrai une esquisse de la vie, des travaux et de l'enseignement de Hegel.

La priorité ne constitue pas d'ailleurs la supériorité, et les partisans de Hegel ne verront dans ce rang rien qui puisse blesser ni leurs prédilections, ni les espérances de durée qu'ils fondent sur les œuvres imposantes de leur maître.

SCHELLING, OU LA PHILOSOPHIE DE LA NATURE ET LA PHILOSOPHIE DE LA RÉVÉLATION.

CHAPITRE PREMIER.
Schelling à Tubingue.

Le plus illustre des penseurs qui professent aujourd'hui la philosophie en Allemagne, Frédéric-Guillaume-Joseph de Schelling, naquit en 1775, à Léonberg, en Souabe.

Fils d'un prélat distingué, il reçut d'abord, au sortir des écoles élémentaires, l'instruction classique qu'on trouve dans les gymnases d'Allemagne, et qui donne aux savants de ce pays l'esprit de critique sérieuse et de haute impartialité qu'on remarque généralement dans leurs travaux. Il fit ensuite à l'Université de Tubingue des études de théologie et de philosophie, car, en Allemagne comme en Écosse, et en général dans les pays du nord, la plupart des philosophes débutent par de fortes études de religion. M. de Schelling entra au séminaire de Tubingue, l'an 1790. A cette époque, un autre jeune homme dont le nom était destiné à une haute célébrité, Hegel, plus âgé que lui de cinq ans, s'y livrait aux mêmes études. Les deux étudiants, Schelling et Hegel, se rencontrèrent bientôt et se convinrent ; mais la différence de leur âge était trop grande, vu l'époque peu avancée de leur vie, et leurs études étaient trop diverses, l'un se trouvant en philosophie, l'autre en théologie, pour qu'il y eût réellement entre eux une liaison aussi intime que le supposent quelques biographes. « *L'un se savait encore lui-même*, et était réputé trop au-dessous de l'autre, » pour que l'intimité fût possible entre eux. Ces mots, dont les premiers ne se comprennent pas très bien, sont de M. de Schelling, et c'est lui qui était le plus jeune. Au bout de deux ans, le sort les sépara. Tandis que le plus âgé des deux alla faire en Suisse une éducation particulière, le plus jeune, M. de Schelling, acheva ses trois années de théologie, et il avait à peine pris le grade de docteur en philosophie qu'il se lança vivement dans les hautes questions de cette science, désormais son étude de prédilection.

CHAPITRE II.

Schelling à Leipzig.

C'est l'Allemagne du nord qui était alors et qui est encore le pays de la métaphysique. M. de Schelling, pour en continuer l'étude, se rendit à Leipzig, et, pour embrasser les sciences d'observation dans leur ensemble, s'y appliqua surtout à la physique, à la chimie, à l'histoire naturelle et aux mathématiques, que les philosophes d'Allemagne négligeaient trop à cette époque. Il suivit principalement le mathématicien Hindenburg, l'inventeur d'une nouvelle méthode de calcul, tandis que Platner, l'auteur des aphorismes philosophiques, qui aurait pu tenter le jeune philosophe, ne paraît pas avoir fixé son assiduité, s'il obtint un instant son attention.

Tout fut rapide et brillant dans la carrière de M. de Schelling qui joignait le don de la parole et ceux d'une imagination mobile à la hardiesse de la pensée et à l'ardeur du savoir.

Quelques biographes de M. de Schelling prétendent qu'il se rendit de Leipzig à Iéna, où enseignait alors Fichte, s'y attacha à cet ambitieux réformateur du kantisme, et y puisa les principes de son système. Je tiens de M. de Schelling lui-même qu'il ne vit pas l'université d'Iéna comme étudiant, et qu'il ne fut jamais le disciple de Fichte. Il n'entendit de ce philosophe qu'une seule leçon, et ce fut à l'époque où déjà il était son collègue.

C'est la coutume des jeunes savants d'Allemagne d'aller résider quelque temps dans les diverses académies de leur pays et de s'y lier avec tous ceux qui se distinguent dans les chaires auxquelles ils aspirent eux-mêmes. Ces étudiants-docteurs y forment une classe à part. J'ignore quel fut le séjour que choisit M. de Schelling, quand il quitta Leipzig, mais ses opinions et ses tendances n'eurent encore rien de spécial. A cette époque, vers 1796, Kant régnait généralement dans les écoles, et Fichte, qui avait fait un grand pas sur son maître, commençait à jouir d'une certaine célébrité. Ce fut la doctrine de Kant, modifiée par Fichte, que Schelling parut adopter dès qu'il appliqua un peu librement à la philosophie le résultat de l'étude qu'il venait de faire des sciences mathématiques et physiques. M. de Schelling peut avouer ses premiers attachements pour Fichte, car Fichte ne s'est pas gêné de lui faire des emprunts à son tour. Il était impossible que le jeune penseur ne subît pas l'influence d'un écrivain aussi brillant que Fichte, dont le premier ouvrage même avait passé pour être de Kant.

Fichte avait d'ailleurs, comme tout le monde, les défauts de ses qualités. La hardiesse de son génie en égalait l'élévation. Il poussa cette hardiesse jusqu'à la témérité, et comme rien n'éclaire plus sur les vices d'un système que les vices d'une intelligence, le jeune Schelling ne tarda pas à voir le défaut de sa doctrine. Il se détacha de Fichte, et révéla un penseur original de haute portée dans un ouvrage intitulé : *Idées sur l'âme du monde*, 1797.

Cet ouvrage était déjà écrit avec cette sorte de poésie grave et solennelle qui caractérise toutes les pages de l'auteur. Ses adversaires l'ont souvent qualifié de philosophe romantique, et ils ont eu raison ; mais ils ont toujours admiré l'élévation ornée de son style, et ils ont eu raison aussi.

CHAPITRE III.
Schelling à Iéna.

Les deux hommes les plus éminents de l'Allemagne, après Kant et Fichte, Goëthe et Schiller, philosophes l'un et l'autre, quoique nous ne connaissions en France que leurs travaux historiques ou poétiques, furent frappés également de cette composition, et leurs suffrages valurent à l'auteur une chaire de professeur extraordinaire à l'université d'Iéna, dès l'an 1798. Iéna est une petite ville de cinq mille habitants.

C'était alors une des deux capitales de la philosophie allemande. L'autre était Kœnigsberg, où trônait Kant.

Pour un jeune homme de vingt-trois ans, c'était une haute destination que d'être fait le collègue de Fichte ; mais c'était aussi une entreprise téméraire que de prendre place à côté d'un professeur si éminent, et dont la parole était si éclatante. M. de Schelling débuta d'une manière remarquable. En général, les Allemands du midi ont peu de succès dans les écoles du nord. Leur accent est peu gracieux ; leur phrase est trop souvent lourde et traînante. Il est vrai que les savants du Wirtemberg, de l'Autriche et de la Bavière ont, sous ce rapport, une grande supériorité sur ceux de la Suisse ; mais ils sont eux-mêmes, à l'égard de leurs confrères du nord, dans une sensible infériorité. Il y a des exceptions à cette règle. Schiller et Eichhorn, qui furent de la Souabe l'un et l'autre, parlèrent avec talent, mais ce sont là des exemples qu'on cite. Plank, Hegel et un grand nombre d'autres n'ont jamais pu s'élever ni au style classique de Herder et de Goëthe, ni à l'élégante parole des écrivains du nord. M. de Schelling, dès ses premières leçons, s'annonça, malgré son accent, comme un de ces hommes qui n'appartiennent à aucune province.

Nous venons de dire que, jeune encore, il était entré dans une voie spéciale et avait acquis une instruction plus étendue que celle de l'enseignement ordinaire, joignant la science de la nature aux études de psychologie et de morale. Cette méthode, M. Schelling la continua dans sa nouvelle position. Il redevint étudiant quand déjà il était professeur, suivit encore des cours de sciences, et y ajouta des études de médecine. Le monde savant fut frappé de la supériorité que lui donnait ce système d'investigations complètes, et l'université de Landshut conféra au jeune professeur, *honoris causâ*, le titre de docteur en médecine (1802).

Les élèves d'Iéna remarquèrent, comme l'université de Landshut, que des connaissances positives donnaient à son enseignement une direction fructueuse, et ils le suivirent avec un grand empressement, surtout depuis la retraite de Fichte, qui s'était fait des affaires avec eux, ce qui est toujours aisé, et même avec le consistoire, ce qui était facile dans ce temps. Désespérant de conjurer les tempêtes soulevées par sa témérité, et en particulier cette terrible accusation d'athéisme que le monde moderne prodigue comme l'ancien, Fichte avait donné sa démission dès 1799, et, à partir de ce moment, M. de Schelling régna si glorieusement à Iéna, que, de son auditoire, sa réputation passa éclatante dans les autres universités d'Allemagne.

CHAPITRE IV.

Schelling à Wurtzbourg.

Dès qu'un savant se distingue dans ce pays par ses leçons ou par ses ouvrages, les gouvernements, animés d'une noble rivalité, lui adressent de tous les côtés, sans qu'il ait besoin de les solliciter, des propositions d'avancement. C'est ce qu'on appelle des *vocations*, et c'est chose si digne de la science et si flatteuse pour les savants, qu'il faudrait l'imiter ailleurs et en faire une institution, s'il était possible de faire de telles innovations dans les pays où dominent des lois plus compliquées ou des mœurs contraires. Il est des professeurs d'Allemagne qui font un peu ce que font ceux du monde entier, qui se rappellent au pouvoir; mais il en est d'autres qui reçoivent réellement dans une carrière de cinquante à soixante ans des vocations spontanées, et il en est qui changent cinq à six fois de théâtre, ce qui ajoute à leur renommée autant qu'à leurs émoluments. Quelquefois, l'Allemagne s'avise même de passer la frontière pour recruter ses académies, et naguère encore l'université de Halle a failli nous enlever un des professeurs les plus distingués de nos provinces de l'Est. M. de Schelling fut appelé à l'université de Wurtzbourg, son second poste, dès l'an 1803. Il était protestant. Dans l'Académie qui l'appelait, la majorité était catholique, mais la philosophie à cette époque n'était ni catholique ni protestante, et comme elle ne doit l'être nulle part, un temps viendra où elle ne sera partout qu'elle-même. M. de Schelling professa à Wurtzbourg pendant quatre ans les diverses branches de la philosophie, et y publia, en 1804, un ouvrage d'une nature délicate, la philosophie et la religion. Mais il fut sage et ne choqua personne. Son livre pouvait blesser s'il était mal interprété. Il le sentit, et en termina la préface par cet avertissement exprimé en style assez bizarre : « N'y touche pas, bélier, cela brûle. » Il n'était que sage. On le trouva complaisant. On l'accusa de servir l'obscurantisme. En effet, Schütz publia contre lui un assez mauvais pamphlet sous ce titre : *De la conduite de M. de Schelling, et de la position qu'il se fait par son obscurantisme, avec pièces justificatives.* Cela était tout simple : les hommes éminents ne manquent jamais d'ennemis ; les autres même en ont.

Les Fichtiens étaient irrités contre l'homme

qui avait succédé à leur chef dans la chaire d'Iéna. Les Kantiens lui en voulaient par la raison que sa belle poésie, car il en mettait dans la science, éclipsait la rude prose du patriarche de Kœnigsberg. Un Kantien, Fries, qu'il avait laissé mal mener par Hegel, le traita avec une grande sévérité. Au surplus, cela n'avait rien de grave. En Allemagne, les jeunes philosophes et les jeunes philologues débutent volontiers par une polémique violente contre ceux dont ils envient les places et la renommée.

Je viens de parler de la langue poétique du philosophe. Jusque-là M. de Schelling ne s'était occupé que d'études morales et physiques. Les travaux de littérature et d'art eurent leur tour. Ils ne lui étaient pas demeurés étrangers. Il avait professé à Iéna et à Wurtzbourg cette branche de la philosophie que l'Allemagne nomme *Esthétique,* et qui est la théorie rationnelle des belles-lettres et des beaux-arts. M. de Schelling s'était occupé aussi de l'étude des beaux-arts à Dresde, et familiarisé avec les mystères de la poésie par le commerce qu'il entretenait avec Schiller et Goëthe. Il était lié avec d'autres poëtes et quelques artistes. Cependant, jusque-là, en ce qui concerne les arts, son horizon était un peu borné. Il devait s'agrandir tout à coup.

CHAPITRE V.

Schelling à Munich.

En effet, M. de Schelling fut nommé, en 1807, membre de l'Académie des sciences de Munich, ce qui fit sa troisième station, et sur ce théâtre plus vaste, notre philosophe, qui cessa de professer, qui n'eut plus à remplir que des fonctions d'académicien, appliqua ses belles facultés à de nouvelles études. Il était naturel qu'on le mît dans la section de philosophie, mais deux philosophes dont il n'était pas l'ami, Jacobi et Weiller étant de cette classe, on l'attacha à celle des beaux-arts, car il y a dans le monde deux espèces de choses, les unes qui s'arrangent, les autres qu'on arrange.

M. de Talleyrand ne voyait qu'un côté quand il disait, *les affaires se font, on ne les fait pas.*

Les goûts de M. de Schelling pour la poésie, les arts, l'antiquité, et toute cette séduisante région de monuments et de chefs-d'œuvre qu'elle nous a laissés, prirent alors plus d'essor. Le discours qu'il prononça peu après son installation sur les rapports des beaux-arts avec la nature, est peut-être celui de tous ses ouvrages qu'on ferait connaître le plus utilement en France. Mais il ne faudrait pas essayer de le traduire. Notre point de vue dans les arts ne s'attache pas à Winckelmann, et une simple version de ce morceau serait inintelligible partout ailleurs qu'en Allemagne. Dès 1808, on nomma M. de Schelling secrétaire général de sa classe, et j'aime à croire qu'il a fait quelque chose pour cette compagnie qui a rendu de si grands services à Munich, ville de goût et d'arts qui, dans les derniers temps, a donné sous l'autorité d'un monarque éclairé de précieuses directions aux artistes et aux administrateurs chargés de la restauration d'Athènes et de ses monuments.

Cependant la philosophie demeura l'étude favorite de M. de Schelling, qui avait fait de grands progrès depuis son début. Il commença même une série nouvelle de travaux. En effet, il conçut le projet d'un cours complet, et publia le premier volume de ses *OEuvres philosophiques*. Malheureusement il montra bientôt une inconstance qui s'est souvent répétée depuis, et le premier volume fut aussi le dernier de la collection. Le problème qu'il posait alors était encore plus ambitieux que vaste. « Je ne veux pas seulement, dit-il, l'*être abstrait* ou l'être *pur*, je veux l'*être existant* : Et dans ce sens une grande révolution attend la philosophie. Ce sera la dernière, celle qui donnera l'explication positive de la réalité, sans enlever à la raison le privilége d'être en possession de ce qui a été purement et simplement antérieur à toute autre chose [du *prius absolu*] ou de Dieu. Cette possession, la raison l'a prise très tard, mais elle l'a affranchie de tous les rapports personnels et réels, et lui a rendu la liberté nécessaire pour posséder la science positive elle-même comme science. » On voit que c'est là une traduction. Le traducteur n'a pas la prétention de rendre ces idées plus clairement que l'auteur. J'aime mieux dire deux mots sur les idées elles-mêmes.

Il est permis de travailler à une grande révolution en philosophie, mais si avancé que soit un travail de cette nature, on fait mieux de le donner que de l'annoncer. Dans aucun cas, il n'est permis à un philosophe d'annoncer la dernière révolution dans cette science; je n'ai pas besoin de le prouver.

Il n'est pas permis non plus en saine philosophie de promettre une explication positive de la réalité, car il est impossible de tenir parole.

Ce qui vaut mieux, c'est de laisser la raison en possession de Dieu, possession dont il faudrait la féliciter, quand même on ne comprendrait pas comment elle a affranchi la raison de tous les rapports personnels et réels, et lui a donné la liberté nécessaire pour se mettre en possession de la science comme science.

Dès cette époque et pendant toute sa carrière, le philosophe s'est appliqué, on le voit, à satisfaire l'opinion sur la question fondamentale, celle de Dieu. Cela n'était pas aisé. Mais l'excommunication de Fichte était venue récemment se joindre à celle de Spinosa pour lui en montrer la nécessité. Un instant il faillit perdre lui-même le fruit de tous ses soins. Un philosophe qui appartenait à d'autres doctrines morales que les siennes, Jacobi, écrivain d'ailleurs éminent, présidait alors l'Académie. Ce philosophe, je l'ai dit, avait été fort mal mené dans le premier journal fondé par Schelling et Hegel. Il était mal disposé pour son confrère, et bientôt il éclata entre les deux penseurs des collisions assez fâcheuses. Elles furent d'abord concentrées dans le sein de l'Académie. Bientôt la ville de Munich et l'Allemagne tout entière en furent informées. Jacobi lui-même en appela au public dans un ouvrage peu mesuré. Ce philosophe était une âme tendre, affectueuse et pure, mais d'une extrême sensibilité à l'endroit de sa réputation, et qui s'exagérait aussi facilement les torts des autres qu'il les oubliait promptement. Nous en aurons la preuve dans la vie de Hegel. M. de Schelling, qui était plus jeune que Jacobi et dont le plus ancien ami avait maltraité Jacobi dans un journal, aurait dû apporter à cette affaire sa réserve accoutumée. Il se donna tort lui-même en répondant à son adversaire dans un ouvrage [*le Denkmal*] empreint d'une vivacité que blâmèrent ses meilleurs amis. On n'avait pas attaqué son caractère. Jacobi l'avait déclaré très honorable. Son talent, sa haute capacité, il les avait reconnus. Il ne s'en était pris qu'à sa doctrine, qui alarmait l'âme croyante et douce du président de l'Académie. Quant à cela, il le disait avec beaucoup de feu, et il accusait ouvertement le secrétaire de la classe des beaux-arts de courir à l'athéisme. Mais il n'allait pas plus loin. On trouvera peut-être que c'était bien assez. Mais dans tous les cas, M. de Schelling alla trop loin, lorsqu'il mit dans sa réplique cette sortie indigne de lui : « M. Jacobi doit de toute nécessité devenir le chef d'un ordre qui fasse vœu d'une stupidité volontaire. »

CHAPITRE VI.

Schelling à Erlangen.

Quelques biographes pensent que ces querelles déterminèrent M. de Schelling à échanger Munich pour Erlangen. Le fait est qu'il quitta la capitale de la Bavière pour prendre une chaire de philosophie dans l'Université d'Erlangen. Mais on s'est trompé à cet égard. Voici ce que je tiens de M. de Schelling lui-même : « L'accusation d'athéisme que Jacobi avait lancée contre Schelling et la réplique de celui-ci, m'écrit-il, eurent cette seule suite, que l'accusateur se vit dans la nécessité de se démettre de sa présidence. Quand Schelling quitta Munich, son adversaire était mort depuis deux ans, et ce ne fut que pour rétablir une santé fatiguée, que Schelling se rendit à Erlangen. »

On est heureux d'entendre s'expliquer d'une manière aussi positive, sur une des discussions les plus pénibles de sa vie, celui des deux contemporains qui a survécu à son honorable adversaire, et qui, séparé aujourd'hui par un espace de quarante ans d'une querelle qui alors émut l'Allemagne d'ailleurs émue pour de plus grandes affaires, juge sans doute le *Denkmal* comme tout le monde.

M. de Schelling reprit à l'Académie d'Erlangen, après dix ans d'interruption, le cours de ses leçons philosophiques. Il y retrouva ces jouissances que donne l'enseignement et auxquelles le professeur ne renonce jamais sans regret. La vie de cabinet et les travaux d'administration n'avaient pu suffire à l'active intelligence de M. de Schelling, qui conserva le professorat depuis cette époque.

Erlangen était sa quatrième station. Il devait bientôt prendre sa cinquième. En effet, à la translation de l'Université de Landshut à Munich, on voulut la décorer du nom de Schelling, et le célèbre philosophe eut dans cette école une chaire qui devint par lui une des plus brillantes de l'Allemagne.

CHAPITRE VII.

Schelling de retour à Munich.

A Munich, sa cinquième station, M. de Schelling jouit sous le premier roi de Bavière, Maximilien de Deux-Ponts, prince d'une bonté de cœur devenue proverbiale, puis sous le roi Louis, poëte passionné pour les lettres dont il est une des gloires, de tous les honneurs que l'Allemagne a coutume de décerner aux mérites d'un savant du premier ordre. Il fut nommé président de l'Académie, conservateur général des collections scientifiques et conseiller intime.

A ces charges, dont la dernière se bornait à un titre, la Bavière joignit la noblesse personnelle, ainsi que la Saxe avait fait pour Goëthe, Schiller et Herder, et que l'Allemagne en général a coutume de faire pour les écrivains qui l'honorent le plus. Les adversaires de Schelling eux-mêmes applaudirent aux distinctions dont il était l'objet à Munich. D'autres pays auraient fait, non pas plus, mais autre chose. Ils auraient entraîné le philosophe dans ces régions où les travaux de la science sont quelquefois sacrifiés aux intérêts de la politique, la haute méditation immolée au débat du jour. Cette destinée, qui atteint chez nous les hommes les plus éminents, est dans la nature des choses, et loin d'en gémir, il faut féliciter la France et les pays qui lui ressemblent de trouver ainsi dans leurs grands hommes tous les genres de tributs demandés à leur patriotisme.

M. de Schelling, sauf les moments qu'il donnait aux soins d'une position officielle mais purement littéraire ou artistique, consacrait ses puissantes facultés à l'investigation des problèmes de la philosophie, de l'art, du symbolisme de la pensée chez les anciens. Tel était l'objet ordinaire de ses cours. Il faisait surtout avec plaisir ses leçons sur la philosophie de la révélation et sur le système des âges du monde, cours auxquels affluait volontiers la jeunesse de l'Allemagne méridionale, quelquefois même celle du nord et de l'étranger. Plus d'un Français, des Alsaciens, des Lorrains, des Bretons, des Provençaux même ont été entendre M. de Schelling à Munich, et, parmi ces disciples avides d'instruction, il s'est rencontré des écrivains habiles : nous en citerons tout à l'heure.

C'était là une belle existence, que nous avons vue naguère honorée, et entourée surtout par le représentant de la France en Bavière, le baron de Bourgoing, de tous les hommages dus à un des membres les plus illustres de l'Institut de France. En effet, M. de Schelling, que M. Cousin avait visité à Munich, est associé à l'Académie des sciences morales et politiques, qu'il a quelquefois songé à visiter dans sa vieillesse.

CHAPITRE VIII.

Schelling à Berlin.

Mais Berlin, la capitale de la pensée allemande, depuis longtemps enviait à Munich, la capitale de l'art germanique, le premier philosophe de l'Allemagne. Si une autre doctrine n'eût régné sur les bords de la Sprée, et s'il n'eût été difficile de faire à M. de Schelling une position convenable à côté de Hegel, son ancien disciple devenu son adversaire, Berlin depuis longtemps appelait M. de Schelling. Quand la mort eut enlevé Hegel, on trouva tout naturel qu'il allât occuper sa chaire. Le roi de Prusse ne tarda pas à l'appeler, et sa grave et poétique parole s'y fit entendre avec un éclat inaccoutumé. Aussi Berlin, la sixième station du célèbre philosophe, en sera-t-il sans doute la dernière, car la capitale de la Prusse garde les hommes qui l'honorent.

M. de Schelling est aujourd'hui le doyen de la philosophie, et non seulement le plus éminent des penseurs de l'Allemagne, mais le seul d'un rang assez élevé pour mériter dans ce pays, le titre de chef d'école. Il est placé sous tous les rapports à la tête de ceux qui cultivent les sciences morales dans sa patrie. Personne ne lui conteste cette honorable hégémonie; et dans ce qu'on appelait autrefois la république des lettrés germaniques, il jouit des honneurs suprêmes à côté de M. de Humboldt, qui tient le sceptre dans les sciences physiques et mathématiques. Toute la philosophie allemande est depuis quarante ans sous l'influence de M. de Schelling.

Quelle est sa philosophie?

Et d'abord dans quels ouvrages est-elle exposée par son auteur?

CHAPITRE IX.

Les ouvrages de Schelling.

Ces ouvrages appartiennent à la philosophie, à la médecine, à la mythologie, à la poésie, à l'histoire, aux beaux-arts.

Les écrits de *philosophie* se sont succédé, de 1792 à 1812, avec une grande rapidité. Je nommerai d'abord ceux où le jeune penseur suivait l'école de Fichte. *Antiquissimi de primâ malorum humanorum origine philosophematis explicandi tentamen.* Tubingue, 1792. (Thèse de philosophie religieuse sur le troisième chapitre de la Genèse, où se trouve le récit de la chute de l'homme, récit généralement considéré en Allemagne comme un mythe philosophique, et que les savants y examinent avec la même liberté que tout autre mythe de l'antiquité). — *Sur l'idée de la théorie de la science*, 1794. (La théorie de la science est une des créations de Fichte. Ce terme était alors fort à la mode). — *Sur la possibilité d'une forme de la philosophie en général*, 1795. (Cet écrit est un de ceux où l'auteur convient de son accord avec Fichte, mais il considère cela comme une rencontre, et il réfute la théorie des idées de Reinhold, kantien assez célèbre). — *Du moi considéré comme principe de la philosophie ou de la science absolue*,

1795. (C'est surtout cet ouvrage qui tient au système de Fichte. Cependant l'auteur ne parle pas de son accord avec ce philosophe, qui se plaignit du silence de Schelling à son égard dans une lettre à Reinhold, où il qualifia le travail de son émule de plagiat du sien).

Bientôt M. de Schelling exposa des doctrines plus indépendantes et plus originales dans les ouvrages suivants. *Idées d'une philosophie de la nature, considérée comme base future d'un système général de la nature.* Leipzig, 1797 ; 2ᵉ édition, Landshut, 1803. — *De l'Ame du monde, hypothèse de haute physique.* Hambourg, 1798 ; 3ᵉ édition, 1809. (Jusque-là Fichte se plaignait de ce que M. de Schelling le suivît sans le nommer ou sans le reconnaître pour son chef. Quand eut paru cet ouvrage, Fichte subit à son tour l'influence de son jeune rival, ce qui n'a rien d'étonnant. Action et réaction, telle est la loi du monde moral comme du monde physique). — *Première Esquisse du système d'une philosophie de la nature.* Iéna et Leipzig, 1799.

— *Introduction à l'Esquisse, etc., ou sur l'Idée d'une physique spéculative, et l'organisme interne d'un système de cette science.* Ibid., 1799. — *Système de l'idéalisme transcendental.* Tubingue, 1800. (Publié quand l'auteur avait à peine vingt-cinq ans, cet écrit fut le premier où Schelling mit bien en relief sa séparation d'avec l'idéalisme de Fichte, et opposa à la philosophie transcendentale la philosophie de la nature, la sienne). — *Bruno, ou Dialogue sur le principe divin et naturel des choses.* Berlin, 1802. (2º édition, 1842, traduite d'une manière remarquable par M. Husson, qui a suivi pendant plusieurs années les cours de l'auteur, et lui a servi de secrétaire. Cette brochure vient d'être traduite aussi en italien par madame la marquise Florenzi Waddington, avec une préface de M. Terenzo Mamiani). — *Leçons sur la méthode à suivre dans les études académiques.* Tubingue, 1803 ; 2º édition, 1813. — *Philosophie et Religion.* Ibid., 1804. — *Sur le rapport du réel et de l'idéal dans la nature, ou des Principes de la pesanteur et de la lumière*. Hambourg, 1806.— *Des rapports de la philosophie de la nature avec la doctrine perfectionnée de Fichte*. Tubingue, 1807.

Ici la rupture de Schelling avec Fichte est complète. Schelling y revendique le droit de propriété sur certaines idées de Fichte, qui cette fois-ci n'y fit pas attention (Fichte's Leben, vol. 1, p. 454). Nous mentionnerons ici l'*Anti-Sextus*, ou *de la connaissance absolue*, Heidelberg, 1807; mais cet ouvrage n'est pas de Schelling, et ne lui fut attribué que par suite d'un titre équivoque.— *OEuvres philosophiques*. (Il ne parut de cette collection qu'un seul volume, qui contient avec d'anciens traités un travail nouveau et important sur la liberté humaine et les questions qui s'y rattachent. Ce dernier morceau est un des meilleurs de l'auteur, et M. Avizard a raison d'en faire une traduction française).—*Denkmal*, ou des écrits de Jacobi sur les choses divines et révélées, ainsi que sur l'accusation d'un athéisme qui aurait pour but de tromper et de mentir sciemment.

Tubingue, 1812. (C'est un ouvrage de polémique écrit avec trop de chaleur, et que blâmèrent même les amis de Schelling). — La froideur avec laquelle cet écrit fut reçu paraît avoir paralysé quelque peu la verve de son auteur. A partir de cette époque, il n'a plus donné sur la philosophie qu'une préface sur une préface de M. Cousin, et dont M. Willm a publié une traduction sous le titre de : *Jugement de M. de Schelling sur la philosophie de M. Cousin*. Paris, 1835.

A côté de ces ouvrages plus ou moins étendus, M. de Schelling a publié un grand nombre d'articles détachés, et a fondé quelques journaux de philosophie ou donné sa collaboration à ceux que dirigeaient ses amis. J'ai mentionné le journal qu'il entreprit à Iéna avec Hegel et le nouveau journal de physique spéculative ; je dois ajouter le journal de philosophie et le journal de physique de Niethammer, dont aucun n'a d'ailleurs acquis une véritable célébrité.

M. de Schelling a exercé sur les études médicales de l'Allemagne une influence profonde, et plusieurs de ses disciples, son frère entre autres, ont composé des traités remarquables sur cette science. Il a publié lui-même des idées importantes sur la médecine dans un journal médical que le docteur Marcus dirigea pendant quelque temps.

Quant aux ouvrages de M. de Schelling sur les beaux-arts, nous en avons déjà cité le principal, le discours *sur le rapport des arts plastiques avec la nature*. Il faut y ajouter une brochure sur le compte rendu par Wagner relativement aux monuments éginétiques de la collection du prince royal de Bavière. Landshut, 1817.

L'exemple de ses nobles patrons, Goëthe et Schiller, porta M. de Schelling à s'essayer aussi en poésie, art dont il aimait à discuter les théories et qui se rattachait intimement aux travaux dont il avait à s'occuper comme secrétaire d'une Académie. Il avait d'ailleurs compris spécialement la poésie dans les études sur lesquelles la philosophie de la nature devait exercer une influence profonde, et il y a eu quelque chose de ce genre. Mais M. de Schelling n'est poëte qu'en prose, on peut s'en convaincre en jetant un coup d'œil sur les morceaux de poésie qu'il a publiés sous le nom de Bonaventura, dans le Musen-Almanac de Tieck et Schlegel.

Pendant son séjour à Munich M. de Schelling se livra à ces études de symbolisme et de mythologie qui préoccupaient alors les esprits les plus éminents de l'Allemagne, Heyne, Voss, Creuzer, Boettiger, Guillaume de Humboldt et Goerres. Il avait préludé fort jeune à ces recherches par un mémoire sur les Mythes, les traditions historiques et les opinions philosophiques de l'antiquité (Dans les Memorabilien de Paulus, 1793). En 1814, il fit annoncer la prochaine apparition d'un ouvrage sur les âges du monde dont il avait donné quinze feuilles, mais dont il retira le manuscrit. L'année suivante, il publia son travail *sur les divinités de Samothrace.*

Il annonça un nouveau travail, en 1826, sous le titre de *Mythologie primitive*, mais rien ne vint satisfaire la vive curiosité qu'il excita. En 1830, il promit des *Lettres mythologiques* qui ne parurent pas plus que *la Philosophie* de la mythologie, promise en 1835.

Au traité sur les traditions historiques que j'ai nommé tout à l'heure, et qui n'est qu'une esquisse, M. de Schelling promit plusieurs fois de joindre une grande composition historique sous ce titre : *les Quatre âges du monde*. Cette publication est attendue avec une vive impatience. L'auteur professe sur l'histoire une hypothèse téméraire et jugée, celle d'un peuple primitif. Cependant on aimerait à connaître les vues d'un philosophe aussi éminent sur une question aussi élevée. D'après ce qu'en a dit Schelling, « il n'y a pas d'état de barbarie qui ne soit sorti d'une civilisation détruite, et il appartient aux futures recherches sur l'histoire du globe de faire voir par quelles révolutions les populations sauvages ont été arrachées de leurs rapports avec le reste du monde; il faut surtout démontrer comment ces populations sont tombées dans l'état où elles se trouvent, par suite de leur séparation des anciens moyens de culture. »

C'est là le système de Bailly, et il est curieux de voir un philosophe le professer à la suite d'un astronome. Les études historiques ont à éviter ces deux écueils, la licence poétique et le servilisme prosaïque. Si jamais M. de Schelling émet tout ce qu'il a dans son pupitre, il est à croire que ses pages d'histoire ne porteront les traces d'aucun de ces excès. M. de Schelling évidemment n'a pas publié tous les travaux que ses loisirs lui ont permis de préparer. Il doit quelques compléments à ses essais, et son dessein est si peu de les disputer à la destinée qui les attend, qu'il se propose de donner plusieurs volumes dans le courant de cette année. Il a d'ailleurs beaucoup publié, beaucoup enseigné, et sa doctrine n'est pas un mystère. S'il est évident qu'il n'a pas tout dit, il est certain qu'il en a dit assez pour être entendu, et qu'il n'hésitera pas à parler dès qu'il jugera le moment opportun. Pourquoi presser si vivement un homme dont les écrits forment déjà tant de volumes?

Ce qu'on lui reprochera le plus, ce n'est pas d'avoir peu écrit, c'est de s'être fait peu comprendre, de n'avoir pas exposé sa pensée avec une clarté suffisante.

CHAPITRE X.
Du style de Schelling.

Le reproche est fondé, M. de Schelling n'est pas clair. Mais cela n'est pas nouveau dans l'histoire de la pensée, et le philosophe de Berlin ne sera certainement pas le dernier qui sera atteint de cette critique et convaincu de sa justesse. On n'expose avec une clarté complète qu'une pensée complétement claire. Ce qui embarrasse le philosophe, ce n'est pas la formule, c'est la pensée elle-même. Il n'y a pour lui d'idées parfaitement claires que celles qui se rapportent à des objets parfaitement connus.

Or ces objets sont rares. Dieu seul est le philosophe accompli. Pour l'homme, la clarté absolue n'est qu'une idéalité. C'est le but de la philosophie, et à ce but il doit aspirer sans cesse, mais il ne peut jamais se flatter d'y atteindre. Il doit presque redouter d'y toucher ; car pour lui ce but serait la fin de la philosophie, c'en serait le dernier terme. Où commence la clarté parfaite, commence la vérité absolue, et ce terme connu, il n'y a plus rien à chercher. Là cessent ensemble l'étude et la méditation, la foi et le doute ; car là règne la science, qui est au delà. La science est le dernier pas. Un jour la pensée humaine fera ce pas, mais elle ne le fera que dans l'éternité. Dans le temps sa destinée est l'étude et la méditation, le doute et la foi, c'est-à-dire cette immense région entre l'obscurité et la clarté, l'ignorance et la science, qu'il s'agit d'éclairer dans le cours des siècles des rayons de lumière qu'il est dans les desseins de la Providence d'accorder à chaque époque.

Dans la doctrine humaine la plus pure, il y a toujours deux parts, l'une vraie et claire, l'autre fausse ou douteuse et obscure. La part de l'obscurité est-elle trop forte dans la doctrine de M. de Schelling?

Cette doctrine, pour nous servir d'un mot plus juste que celui de système, car en philosophie il n'y a que les charlatans qui aient des systèmes, cette doctrine n'est pas facile à saisir. Elle est exposée dans un grand nombre d'ouvrages, dans un style souvent plus poétique que philosophique, et dans un idiome qui permet une terminologie très composée, très savante, mais peu claire. La pensée de ce philosophe est d'autant plus difficile à rendre pour nous, qu'elle a eu plus de phases et a pris plus de formes diverses, de telle sorte qu'il faut à la fois la résumer et la concilier avec elle-même. Il faut en général la traduire sans cesse, non pas seulement d'une langue très libre et très variable dans une langue plus arrêtée et plus invariable, mais dans une langue peu raisonnable et fort intolérante, puisqu'elle exige une clarté absolue, même dans les matières qui n'en permettent pas. Car telle est la nôtre. Les adversaires de M. de Schelling exagèrent encore ces difficultés. Ils affirment qu'on peut d'autant moins le saisir qu'il s'est moins compris lui-même, et que, malgré tous ses efforts et les essais de ses partisans, ni lui, ni aucun autre n'a réussi à bien exposer sa doctrine. S'ils entendaient par là, exposer de manière à bien convaincre, à faire toucher la vérité de l'œil et du doigt, oh! alors ils auraient mille fois raison. Mais personne n'est tenu d'exposer ainsi en philosophie, et il ne faut pas oublier qu'avant M. de Schelling, tous les philosophes qui se sont élevés, Platon et Aristote, Descartes et Spinosa, Leibnitz et Kant, ont encouru tour à tour ce même reproche d'obscurité qu'encourront tous leurs successeurs. Soyons plus justes pour les métaphysiciens. Quand l'œil du vulgaire suit avec peine le vol de l'aigle qui approche du soleil, du moins il admire ce vol. Il n'en est pas ainsi de la foule qui suit le vol d'un philosophe. Dès que la vue le perd, la critique le saisit. Tout ce qu'elle ne s'explique pas dans sa marche, elle le condamne. Elle le traite sans pitié lorsque par quelques fautes, par quelques-unes de ces erreurs que le fils d'Apollon n'a pas su éviter, son char se rapprochant trop de la terre, risque témérairement de mettre le feu à ce qu'elle offre de plus gracieux, et la ravage dans ses plus belles campagnes.

La critique est allée à l'égard de M. de Schelling plus loin qu'à l'égard de beaucoup d'autres, et tout en lui reprochant l'incapacité d'exposer sa doctrine, on a reproché à cette doctrine d'être un grand péril pour la saine philosophie, pour la religion et la morale. C'était là le langage d'une hostilité vulgaire. Quelques-uns des anciens écrits du philosophe ont pu provoquer des jugements sévères, mais personne n'a dû contester, ni l'élévation de son génie, ni la beauté de son langage. On peut ne pas admettre la doctrine de M. de Schelling, et convenir qu'elle est à la fois très saisissable et digne d'admiration comme œuvre de conception puissante. Mais il serait impossible de la saisir dans son véritable caractère si l'on refusait d'entrer, ne fût-ce que par voie de concession et de tolérance, dans son point de vue général, et plus impossible encore de l'exposer, s'il fallait, pour la rendre, la dépouiller de sa terminologie. Toute pensée humaine a sa forme, et les idées d'un philosophe ne se rendent bien que dans le moule qu'il leur donne. Loin de se complaire à cet égard dans un rigorisme qui nous priverait de grandes jouissances, il faut apporter au jugement de cette terminologie une intelligence complaisante. Chaque science a son langage. Quand on considère que la politique elle-même, chose si pratique cependant, a dans chaque pays certains termes qui se remplacent difficilement, ici l'*income-tax*, là le *zollverein*, plus loin le *self government*, comment ne serait-on pas disposé à concéder quelques termes spéciaux à la philosophie allemande?

Je compte employer quelques-unes des locutions qu'elle affectionne, mais avec ces termes mêmes, la doctrine de M. de Schelling serait peu intelligible encore pour ceux qui craindraient de remonter encore un peu au-delà, à Fichte et à Kant, et de prendre la pensée du philosophe qui nous occupe à son point de départ. Ce point de départ, la réforme philosophique de Kant, a d'ailleurs une telle importance dans la philosophie moderne, qu'on ne saurait plus faire un pas assuré dans celle-ci sans avoir une intelligence suffisante de celle-là.

CHAPITRE XI.

L'idéalisme, le scepticisme et le dogmatisme de Kant.

Kant, dominé par le spirituel Hume, influence que les Allemands mettent autant de soin à contester, que les Anglais en mettent à l'établir; Kant, qui a laissé des traités très positifs sur plusieurs branches de la philosophie, s'était attaché surtout à la question fondamentale de la science humaine, la connaissance, sa légitimité, sa pureté, sa certitude. Après avoir fait de la faculté de connaître, de la raison l'analyse la plus profonde et la plus subtile, il était arrivé à une forte nuance de scepticisme.

« Nous ne pouvons connaître, disait-il, que ce que nous pouvons observer, soit en nous, soit hors de nous. Observation interne, observation externe, voilà tout le domaine de la science. » L'analyse critique de la raison pure n'en admettait pas d'autres, et, fort d'une étude savamment faite de cette faculté, Kant ne trouvait pas le moindre motif de certitude pour les *connaissances spéculatives*.

Cependant il admettait quelque chose qui remplaçait cette certitude, et quelque chose d'assez peu philosophique en apparence, mais fourni par le sens commun, qui est après tout la plus haute puissance, le véritable tribunal d'appel en philosophie, c'est-à-dire la *foi dans les connaissances pratiques*. C'était finir par la foi après avoir commencé par le doute, et il n'y a rien de plus philosophique au fond que le procédé de Kant.

En général, son système était une sorte d'idéalisme plutôt que de scepticisme. « Nous ne connaissons pas les choses en elles-mêmes, disait-il d'après Hume ; nous ne les connaissons que telles qu'elles nous apparaissent, telles que les formes de notre entendement ou les lois de notre esprit nous permettent de les saisir. » Cela ne saurait être contesté, car cela revient à dire, nous percevons comme nous percevons. Mais en induire, ou que nous percevons mal ou que nous avons à nous défier, à douter de ce que nous percevons, c'est supposer que celui qui a fait les choses et qui nous a faits, s'est amusé à les faire d'une façon et à nous les faire voir d'une autre. A cela il était répondu depuis longtemps par l'argument de la véracité de l'auteur de tout.

Aussi Kant ne fut-il ni un sceptique comme Hume, ni un idéaliste comme Berkeley. Il définissait, au contraire, la philosophie de manière à laisser voir clairement qu'il croyait à la vérité de ses études, et sa définition était d'autant plus curieuse qu'elle contenait en germe la théorie de Fichte, qui a fait tant de bruit, et la doctrine que M. de Schelling a présentée avec tant d'éclat. La philosophie, dit ce dernier, est la science de la raison, qui a conscience de tout ce qui est (Paulus, Schellings, Offenbarungslehre, p. 559). Donner à la raison conscience de tout ce qui est, c'est assurément y aller largement et avec une grande confiance; fonder toute une science, toute la philosophie sur cette conscience, c'est y aller plus largement et avec plus de confiance encore. C'est pourtant là ce qu'ont fait les trois philosophes que nous venons de nommer, ainsi que Hegel, le quatrième des penseurs éminents de cette école. C'est là ce qu'ils ont fait d'ailleurs avec tous les philosophes du monde, car pour tous la philosophie est la science de la raison, et cette science pour tous repose tout simplement sur la confiance que nous inspire la conscience qu'elle a non *de tout ce qui est,* mais de tout ce dont elle peut avoir conscience. Cette confiance dans la raison spéculative, Kant la niait en théorie, mais il en professait une très grande dans la raison pratique.

Il disait en effet : « Quoique l'existence de Dieu et l'immortalité de l'âme né soient pas du domaine de l'observation ni interne, ni externe; quoique ces deux dogmes ne soient pas du domaine de la science, ils sont néanmoins les conditions nécessaires de la liberté morale et de la loi du devoir. Si la raison pure les met en doute, la raison pratique les pose en fait. »

Il y avait donc aussi du dogmatisme dans la doctrine de Kant. Il y en avait à ce point qu'elle se composait, si cette figure m'est permise, d'une pièce fondamentale, le scepticisme, et de deux pièces de rapport, l'une et l'autre plus considérables que la doctrine fondamentale, l'idéalisme et le dogmatisme.

Cette doctrine manquait de conséquence et d'unité, cela est vrai, mais — et cela n'étonnera personne — c'est par là qu'elle contenait le plus de vérités. Par là, elle saisit le plus vivement les esprits et provoqua coup sur coup, dans un pays de haute méditation, trois essais de réforme, trois écoles nouvelles qui la développèrent, comme celles de Platon et celles d'Aristote développèrent dans l'antiquité la doctrine de Socrate. On sait toutefois ce que valent les comparaisons. Si Fichte et Schelling sont assimilés à Platon, Hegel à Aristote, ce sont des locutions qu'il ne faut pas prendre fort à la lettre.

La première des trois modifications apportées au système de Kant fut faite par Fichte. Elle eut pour but de simplifier le système, de lui donner de l'unité, et pour résultat d'en exagérer une de ses tendances, l'idéalisme.

Qu'a-t-elle été et qu'a-t-elle produit?

CHAPITRE XII.
L'idéalisme de Fichte.

Fichte était frappé surtout du défaut de conséquence et d'unité du kantisme. Il y voyait deux puissances, l'une négative ou critique, l'autre positive ou dogmatique, l'une appelée la raison pure, l'autre la raison pratique. Ce dualisme lui semblait l'effet d'une étude incomplète. Un pas au-delà, et l'on devait arriver au berceau commun des deux autorités. Il chercha donc un principe qui fût commun à la raison pure et à la raison pratique, aux études spéculatives et aux études morales, et il le trouva, à son avis du moins, dans sa *Théorie de la science*, qui jeta quelque temps, grâce à son style et à son esprit, un éclat aussi vif que trompeur. Comme œuvre de puissante conception, cette théorie mérite encore une grande attention. En voici les principes.

Le problème souverain de la science est de montrer le rapport de nos idées avec leurs objets. Il faut donc déduire logiquement la réalité, mais une réalité véritable, objective de nos idées, qui ne sont que subjectives. Il faut montrer philosophiquement le fondement de cette réalité. Pour fournir cette démonstration, il ne s'agit que de soumettre le sujet pensant, ou le Moi et les phénomènes de la conscience, à une méditation approfondie. Cette savante enquête sur la légitimité de la connaissance fait voir que le sujet pensant a conscience de lui-même, en vertu d'un acte primitif, d'un acte de spontanéité et de puissance propre ; que le moi se pose lui-même en vertu d'une intuition immédiate. Il n'y a d'immédiat pour le moi que le moi et les modifications qu'il éprouve. Le moi ne connaît pas autre chose. Par conséquent, le moi et l'idée qu'il se fait de lui-même, les modifications qu'il subit et les idées qu'il se fait de ces modifications, voilà le véritable domaine de la science. C'est son domaine complet. Au-delà, tout est hypothèse, incertitude, foi ou illusion.

C'était là un idéalisme né à la fois de Kant, de Hume et de Berkeley, mais qui pourtant ne manquait pas d'un certain degré de nouveauté. Il était surtout neuf en ce sens qu'il rejetait la foi qui avait sauvé Kant et la mettait à côté de l'*hypothèse* et de l'*illusion*. Cependant Fichte joignait à cet idéalisme une sorte de réalisme.

« Le moi, disait-il, en vertu d'un acte primitif, oppose au moi un non-moi. Il limite l'un par l'autre, en vertu d'un autre acte également primitif. Pour agir, *et par conséquent pour être* — car il n'est, il ne parvient à savoir son existence qu'en vertu d'un acte — le moi doit subir nécessairement une impulsion externe, émanée d'une puissance contraire et indépendante. Le moi dès lors doit conclure de ses modifications internes à des existences externes. Cependant, cette induction a lieu en vertu de la *foi* qu'a la raison en elle-même. Ce n'est pas en vertu d'une observation; ce n'est pas non plus en vertu d'une certitude immédiate : ce n'est pas en vertu d'une observation, car les objets n'existent qu'à la suite de nos idées, et c'est nous qui les créons à cause de nos idées, ou plutôt qui nous imaginons qu'ils existent; ce n'est pas en vertu d'une certitude immédiate, car nous ne sommes pas les choses elles-mêmes. Et cependant le monde est nécessairement en lui-même tel qu'il est dans notre intelligence. Il ne peut pas être un autre, puisqu'il est le produit de cette intelligence.

On le voit, à côté d'un idéalisme qui semblait audacieux et se proclamait nécessaire, forcé, l'ingénieux Fichte mettait aussi une sorte de réalisme, mais ce dernier était tellement subordonné, humble et même à ce point compromis, malgré son humilité, qu'il ne pouvait suffire à la raison. Il donnait un monde à l'homme, mais il le lui donnait comme son œuvre ; il ne lui garantissait qu'un monde subjectif. Cela revenait assez au côté idéaliste de la philosophie de Kœnigsberg. C'était une grande modification apportée à la doctrine de Kant, mais ce n'en était pas une amélioration. Au contraire.

CHAPITRE XIII.

La réforme de Schelling. — Le point de départ.

M. de Schelling sentit d'abord l'importance de cette modification, moins les inconvénients, et, séduit par le génie de Fichte, il en embrassa les théories avec une confiance presque absolue. Mais bientôt éclairé par une réflexion plus mûre, il s'en éloigna, et plus le philosophe dont il avait suivi la bannière prenait de liberté pour signaler le faible de la doctrine kantienne, plus il en prit, à son tour, pour montrer l'insuffisance de celle de Fichte. Déduire la réalité d'un point de vue subjectif, et emprunter l'existence de l'univers à l'imagination du moi, vivre dans ce monde sur sa seule garantie, c'était à ses yeux se hasarder singulièrement, se jeter dans un point de vue incomplet, et mettre tout sous un faux jour. C'était d'ailleurs professer un dualisme peu philosophique et trancher tout ce qui est en deux, de manière à n'avoir plus la vérité, ni même l'image de la vérité sur rien, ni dans l'idéalisme qu'on proclamait, ni dans le réalisme qu'on tolérait. Suivant M. de Schelling, il fallait, au contraire, pour avoir la vérité, saisir l'unité. Le dualisme est dans les apparences, disait-il. Dieu et le monde, l'univers et le moi, la matière et l'esprit, le corps et l'âme, les ténèbres et la lumière, cette vie et l'autre. Voilà le dualisme ; mais au premier aspect seulement. Si le dualisme était ailleurs que dans les apparences, il y aurait dans l'univers deux univers, il y aurait deux lois. Et s'il y avait deux lois, il y aurait deux Êtres suprêmes. Or, cela ne se peut pas, donc cela n'est pas. Il n'y a que l'unité qui puisse satisfaire la raison. Il n'y a donc que l'unité qui soit la vérité. Sans doute, on ne trouve pas l'unité dans l'analyse, mais ce n'est pas à elle qu'il appartient de la fournir. Ce n'est pas elle, c'est la synthèse qui donne la science, la synthèse planant au-dessus du détail de l'analyse, élevée à ce qu'on appelle la haute spéculation.

M. de Schelling essaya donc, au nom de la haute spéculation, de faire jour à un autre principe, et de montrer que, loin de déduire l'univers du moi et d'arriver au réalisme par l'idéalisme, il tenta de déduire l'idéalisme du réalisme, de faire jaillir le sujet de l'objet. Fichte avait dit : *La pensée, le moi est tout.*—*Tout est pensée ou moi*, dit M. de Schelling. L'homme fait partie de l'ensemble, de la raison absolue, la seule chose réelle. C'était se placer à l'autre bout de l'échelle, et dans la situation des écoles ce n'était pas chose aisée que de prendre cette attitude. C'était franchir d'un saut toute la philosophie du temps pour en venir, non à celle de Spinosa, mais au problème posé par Spinosa, l'unité de la nature et de l'intelligence qui la gouverne. M. de Schelling, sans prétendre faire abstraction de Fichte et de Kant, présenta hardiment, dans ses *Idées sur une philosophie de la nature,* cette doctrine de *l'unité,* ou de *l'identité,* qui fut son point de départ, la première forme d'un édifice philosophique auquel il n'a cessé d'en donner d'autres.

Ce point de départ était une grande innovation. Depuis Descartes, en dépit de tous les efforts qu'avait faits un disciple de ce philosophe, Spinosa, on faisait fausse route aux yeux du jeune penseur. On louait beaucoup, et avec raison, le créateur de la philosophie française d'avoir débuté par le *moi,* et vu d'abord ce qu'il est et ce qu'il peut, afin d'aller ensuite à l'étude de l'univers. Mais, au lieu de suivre cette méthode jusqu'au bout, on s'arrêtait à moitié chemin, on n'étudiait que le moi, le moi abstrait ou séparé des choses. Les choses, le monde, *l'âme du monde, le principe qui l'anime,* étaient négligés. Là était une grande erreur, et la source de toutes les fautes qui avaient rendu la philosophie stérile, qui en avaient fait, entre les mains de Berkeley, de Hume, de Kant et de Fichte, une sorte de duel dans un rayon de lumière, le moi ; car ceux qui cherchaient tout dans le *moi* n'avaient pu aboutir qu'à l'idéalisme subjectif. La vérité est ailleurs, dans l'ensemble, l'univers (le πᾶν et le κόσμος).

Ce fut en ce sens qu'au début M. de Schelling dirigea toutes ses recherches. Nous venons d'esquisser son point de départ, voyons maintenant quel fut son point d'arrivée ; comment il trouva la réalité, en quel sens il fit jaillir le moi du non-moi, le sujet de l'objet ; s'il renversa l'idéalisme et anéantit le scepticisme en asseyant la science sur un fondement réel et assuré.

CHAPITRE XIV.

Le point d'arrivée. — L'idéalisme objectif.

M. de Schelling, qui est admirable dans la critique des autres, ce qui est bien quelque chose, signala les aberrations de ses prédécesseurs avec beaucoup d'esprit et de verve. Il avait beau jeu. La philosophie du dernier siècle, à la suite de Locke et de Leibnitz, s'était concentrée presque exclusivement sur l'étude de l'esprit humain, et s'était desséchée sur ce mince domaine. Kant, à la vérité, avait étudié les sciences naturelles ; Wolf, les mathématiques ; Leibnitz, presque tout. Cependant ces philosophes étaient restés au-dessous de Descartes et de Bacon pour la connaissance générale de la nature, autant que ces derniers eux-mêmes étaient demeurés au-dessous d'Aristote. Berkeley, Hume, Condillac et Fichte avaient réduit la philosophie à sa plus simple expression ; ce dernier en avait fait une espèce de fantasmagorie du *moi*, d'*égoïsme* métaphysique, de science du moi. Or, traiter aussi cavalièrement tout ce qui n'est pas le moi, relâcher tous les liens qui rattachent l'âme au monde où s'accomplit sa destinée première, et à l'Être suprême qui lui réserve sa destinée dernière, pour l'étudier, abstraction faite de tout ce qui la modifie et de tout ce qui fait d'elle ce qu'elle peut devenir de plus grand, c'était assurément imprimer à la saine méditation une direction fâcheuse et tenter dans la création une scission violente. C'était mettre une sorte d'ombre en place d'un être plein de vie dans l'imposant ensemble où il a été mis par son auteur, et plein de puissance dans chacune de ses merveilleuses facultés. L'âme, en effet, ou le *moi*, si l'on veut, est plein de vie dans ses rapports avec Dieu qui l'a fait, et plein de puissance dans ses rapports avec la nature dont l'empire lui est délégué par son divin auteur.

Le moindre vice de la philosophie idéaliste, philosophie toute scolastique, était donc de concentrer la pensée sur un seul objet ; le plus grand, c'était l'isolement où elle jetait l'âme, qu'elle séparait de tout, qu'elle arrachait à l'univers, à la poésie, à la religion, à tout ce qui la charme, l'élève et la console.

M. de Schelling sentit vivement la nécessité d'enlever les écoles de son pays à des études si étroites et si vides, et qui rappelaient si bien, dans leurs stériles et ténébreux efforts,

> . . . . L'ombre d'un laquais,
> Qui de l'ombre d'une brosse,
> Frottait l'ombre d'un carrosse.

En combattant tout cet idéalisme qui faisait du monde une idée du moi, il ne rejetait pas l'étude du moi. « Ce que l'étude du moi a de sûr ne doit jamais être dédaigné, dit-il. Mais l'étude des facultés de l'âme, ou la connaissance de l'instrument qu'on veut appliquer à l'examen de l'univers, n'est que le début de la philosophie. Celui qui s'y borne ressemble au chevalier qui se persuade qu'il a tout fait quand il a ceint l'épée, et qui se croise les bras en attendant qu'il vienne des ennemis, ou plutôt qu'il n'en arrive pas. Lors donc que du haut ou du bas de la science du moi vous prétendez construire toute la philosophie et la dominer, ce que vous risquez avec ce procédé, c'est de n'avoir point de philosophie, de vous réduire au contraire à la connaissance de l'instrument, c'est-à-dire à l'examen d'une seule question, celle de l'âme. Or, cette question peut bien être utile pour éclairer les autres, mais elle ne saurait ni s'éclairer complétement elle-même, ni dominer tout le reste. »

Cela était plein de sens, mais, au fond, personne ne s'était réduit volontairement à cette étude de l'instrument ; quelques-uns s'étaient arrêtés devant la difficulté de bien l'appliquer à l'objet des autres études, et devant celle d'obtenir la certitude des découvertes qu'il permet de faire. C'étaient là les difficultés qu'il s'agissait de lever. Les relever était peu de chose. Or l'idéalisme, cet égoïsme métaphysique qui faisait du moi une sorte d'araignée tissant sa toile, mais réduite à sa toile, M. de Schelling le combattit aisément. Mais que mit-il à la place du système abattu sous ses pieds ? Je l'ai dit, dans son désir de « ramener l'harmonie entre le moi et le monde, l'idée et la substance, » M. de Schelling remonta d'un bond à Spinosa, que ses compatriotes ressuscitaient en quelque sorte sur la fin du dernier siècle, et dont ses amis et ses ennemis, Jacobi, Hegel et Paulus, s'occupaient avec une attention égale. Il le lut et le médita avec une grande attention, et sans doute il y avait quelque parti à tirer de cette étude, mais c'était encore du scolasticisme. Or il fallait sortir du scolasticisme d'Iéna et de Kœnisberg, et retourner à Descartes et à Bacon, à Aristote et à Platon, sans passer par le panthéisme d'Amsterdam et se perdre dans celui d'Élée. Mais aller à Spinosa et à Xénophane pour échapper à Kant et à Fichte, et aboutir à un *idéalisme objectif* en fuyant un idéalisme subjectif, c'était procéder avec plus de témérité que de bonheur, et tomber sur un remède pire que le mal. M. de Schelling a eu le malheur d'être entraîné par un génie trop audacieux dans ses premiers essais, dans la philosophie de la nature. Il a eu le même malheur dans ses derniers travaux, la philosophie de la révélation. C'est qu'il est non seulement un philosophe éminent, il est encore et avant tout une organisation toute poétique, et cela explique ses préférences si marquées pour la mythologie, la religion et les arts.

Au début il fut timide, ou du moins réservé. Les Kantiens et les Fichtiens s'opposèrent à ses premières idées en rudes adversaires. M. de Schelling, pour garder tous les ménagements dus à des hommes célèbres, fit d'abord passer sa doctrine pour une simple modification de celles qui règnaient dans les écoles allemandes. Dans son ouvrage intitulé l'*Idéalisme transcendantal*, il déclara qu'on n'y trouverait rien qui ne fût déjà dans les écrits du créateur de l'idéalisme subjectif. Mais évidemment il se faisait illusion, quand il parlait ainsi, et un peu plus loin, il dit avec plus de vérité, que la philosophie *transcendantale* (celle de Kant) et celle de la *nature* (la sienne) étaient diamétralement opposées, qu'elles ne pouvaient jamais se confondre. Bientôt il prit le parti de présenter sa doctrine plus franchement et d'établir le débat sur le véritable point de la difficulté. « Ce point, dit-il, est de trouver ailleurs que dans le moi une position d'où la pensée dominât et la question du moi et toutes les autres. » C'était parfaitement poser la question, et c'est là encore une des choses où excelle M. de Schelling; mais comment la résout-il?

Ce centre, dit-il, c'est la nature elle-même. Mais comment se mettre dans ce centre, passer du moi dans la nature, en repasser dans le moi et franchir sans se perdre ces gorges obscures et ces incommensurables abîmes où tant d'autres ont laissé leur gloire ? La réponse de M. de Schelling est dans la manière de concevoir le *moi* et la *nature*. Pour lui la nature n'est pas l'ensemble des choses matérielles, c'est l'ensemble *animé* de toutes choses. Mais comment une conception qui n'est pas tout à fait nouvelle, qui est au contraire très ancienne et qui remonte aux écoles grecques, que l'idéalisme de Platon admettait en quelque sorte comme le réalisme d'Aristote, comment la vieille hypothèse de l'*âme du monde*, peut-elle devenir la base d'une nouvelle doctrine ? Ne faut-il pas au moins lui donner un sens nouveau ?

C'est ce que M. de Schelling tâcha de faire dans trois ouvrages qui se suivirent de près et où il jeta les fondements de ce qu'il appelle *la philosophie de la nature*, mais ce qui n'est autre chose qu'un *idéalisme objectif*.

CHAPITRE XV.
La philosophie de la nature.

Les trois ouvrages en question, ce sont les *Idées d'une philosophie naturelle*, le *Traité de l'âme du monde*, la *Première esquisse d'une philosophie de la nature*. A voir tant d'écrits, on eût dit qu'il n'y avait qu'à prendre. Cependant cela ne suffit pas, et la difficulté qu'éprouvait l'auteur à exposer des théories qui n'étaient pas très arrêtées et qui ne le furent jamais très nettement, l'obligea de publier encore une introduction à ses ouvrages. Il s'y proposait de bien déterminer la nouvelle science qu'il venait de créer, la *physique spéculative*, et d'en esquisser l'*organisme intérieur*. Si peu avancée qu'elle fût, il parlait déjà d'un système de cette science. Il n'en était pas là, et on le chicanait encore avec quelque raison sur le nom même de *physique transcendante ou spéculative* qu'il donnait à sa découverte. Était-ce la philosophie de la physique? Dans ce cas, en quoi différait-elle de la vieille métaphysique dont les vaines spéculations avaient lassé tous les bons esprits? Était-ce l'ancienne glorification de la nature ou l'archaïque prétérition de Dieu, connues sous le nom de panthéisme spiritualiste ou de panthéisme matérialiste? Dans ce cas, en quoi différait-elle du système de Parménide, ou de celui de Spinosa?

M. de Schelling répondit à ces objections,

plus faciles à formuler qu'un système, en indiquant plus nettement l'idée fondamentale de sa *philosophie de la nature*. C'est une conception vulgaire, suivant lui, que d'envisager la nature comme une agrégation de choses isolées, de substances mortes en elles-mêmes, et à peine douées de forces qui leur permettent d'agir les unes sur les autres et sur nous. Sans doute, les choses agissent les unes sur les autres, et la nature se compose de parties liées entre elles par une action mutuelle; mais, dans le sein ou dans l'essence des choses, il n'existe rien de semblable à ce que nous imaginons communément, à ce que nous appelons *matière,* c'est-à-dire je ne sais quoi d'inerte en soi et d'accidentellement mis en jeu par une influence extérieure. Tout ce qui est chose en soi, tout ce qui est objet ou matière est *force* et *activité.* Or toutes les forces et les activités se rencontrent et se contiennent les unes les autres dans l'espace et y produisent les solides qu'on appelle corps. Des degrés inférieurs de cette manière d'être ou de cette existence matérielle aux degrés supérieurs, par exemple de la condition de la pierre, dont la force et l'activité sont à l'état de léthargie, à la condition des êtres organiques, où le jeu de la force et de l'activité est si animé, il y a une progression continue d'énergie, de spontanéité et de liberté.

Ce développement progressif se fait, non pas au moyen d'une excitation externe, mais d'une spontanéité interne, toujours plus énergique, plus parfaite. Cette spontanéité est la loi du monde, et elle n'est pas une loi externe, imposée du dehors, une espèce de lettre morte ; elle est une loi interne, une puissance, une vie universellement agissante. Elle est la vie et l'intelligence elle-même, car cette loi du monde qui se connaît elle-même quand elle est arrivée au plus haut degré de développement, c'est la *raison*.

La raison, il est vrai, n'est tout à fait elle qu'au plus haut degré de son développement ; mais elle s'annonce dans les degrés inférieurs, et on l'aperçoit au moins comme *instinct* même sur la dernière marche de l'échelle. Otez cette chose interne qui est instinct, mouvement, activité, spontanéité, intelligence, raison, et il n'y a rien qu'on puisse appeler un objet réel, une matière. La *matérialité* et la *réalité* ne sont pas autre chose que le *jeu de ces activités réciproques*. Et de là ce principe suprême : Tout est un et le même.

Je ne m'arrête pas à expliquer, à combattre, à montrer ce qui est admissible, ce qui ne l'est pas ; j'expose, et je prie le lecteur de considérer que nous sommes dans le pays de Kant et de Fichte. Je continue, quoique je ne comprenne pas moi-même que sans l'instinct ou l'interne, il n'y ait pas d'externe (de matière) et que je pense au contraire qu'il y a un externe, parce qu'il y a un interne. Je ne comprends pas davantage que la *réalité* ne soit que le *jeu* de l'activité ; mais je me prête à ce langage pour arriver où il tend, et je continue.

Le mot *Tout* ne s'applique pas seulement à l'ensemble matériel de l'univers, mais à l'ensemble *de ce qui est*. Et ce qui est, ce qui pense et ce qui est pensé, est une seule et même chose. Le sujet ne saurait essentiellement différer de l'objet. Penser et être, la pensée et l'existence, sont deux modes différents de la même essence; et il y a identité entre le corps et l'âme, qui sont *deux formes*, sans être deux choses, théorie qui assurément n'appartient pas à la théologie ordinaire, car là nous n'admettons pas que l'âme soit une *forme* et le corps *une autre*.

En général, tout ce qui existe est une seule et même chose en son essence, et son essence est essentiellement la vie et l'activité. On peut l'appeler avec les scolastiques *natura naturans*. Mais il n'est pas toute chose dès le début. Dans son état primitif, il est *possibilité*, puissance de devenir toute chose; il n'est le monde ou l'univers, *natura naturata*, qu'alors qu'il est développé et devenu ce qu'il a pu et dû devenir. Cependant la nature, *fondement de tout*, et la nature, *phénomène développé*, sont au fond une seule et même chose, une chose suprême, indépendante, libre de toute autre.

Et puisqu'il n'y a qu'elle qui soit, elle est l'absolu. La nature, développée et déployée en objets individualisés, est toujours la nature ; mais les objets devenus individus ne sont que ses *formes*, que ses *phénomènes*. La source de tout ce qui vit en tout, c'est elle ; si bien que ses formes elle-mêmes ne seraient que de vains phénomènes, si elle ne vivait en elles. Prenez un de ces objets, séparez-le de tous les autres ; arrachez, par exemple, le pommier au sol où la nature le produit ; sevrez-le de la terre, de l'eau, de l'air et de la lumière dont elle le nourrit, et vous n'aurez plus qu'un cadavre.

La nature vit ainsi dans tous les objets qu'elle enfante ; et tous les objets qui existent, c'est elle qui les enfante, qui les met hors de son sein, les y ramène, les y absorbe ou les en fait émaner de nouveau. Mais ces objets, c'est toujours elle, et tous ensemble ils forment elle, c'est-à-dire le *tout*, ou l'*absolu*. L'existence suprême, l'essence infinie, n'existe pas en dehors d'eux. Elle n'est pas plus au ciel ou sur la terre que partout ailleurs. Au contraire, tout en nous et autour de nous est cet être éternel, qui, dans son déploiement infini, est présent partout.

Qu'est-ce que tout cela? Je n'ai pas besoin de le dire, c'est là le panthéisme. Mais j'ai besoin d'ajouter que si M. de Schelling en était demeuré à cette doctrine, je ne l'aurais pas suivi jusqu'ici et je n'engagerais personne à faire avec lui un pas de plus; car sauf la forme, qui est neuve et ingénieuse, le panthéisme est bien vieux et bien stérile, si fier qu'il soit de l'apparente unité dont il décore ses théories scolastiques. Toutefois traversons jusqu'au bout ces poétiques abîmes, une instruction profonde est au bout des courses et de la chute de M. de Schelling.

L'*immanence* ou la résidence de l'infini dans le fini n'est pas un état d'emprisonnement ou d'absorption du fini par l'infini. C'est, au contraire, pour tout ce qui existe, un état de libre et puissant déploiement dans l'unité. Au lieu de réduire le fini à la mort, l'infini lui donne sa vie et sa puissance. Chaque individu, chaque objet détaché est le symbole et la répétition de l'infini. Au début, la vie de l'individu est d'abord enchaînée à l'état de léthargie, de non développement, de subjectivité enclose dans le germe de la plante ou de l'animal. Mais bientôt l'activité renfermée dans le germe se dégage et sort de son emprisonnement primitif, et le germe devient par sa spontanéité interne tout ce qu'il peut devenir en vertu de sa nature. Le poussin, qui d'abord n'est qu'un objet sans vie, qu'un œuf, et qui se transforme successivement, par la vertu d'un germe interne, en un être plein de vie, est un exemple si frappant de cette vérité qu'il n'est besoin d'aucune explication ultérieure pour la faire comprendre. Mais cet exemple, en même temps, sert à montrer un autre principe fondamental de la doctrine de M. de Schelling. Le voici.

Le germe contenu dans l'œuf se développe *comme s'il suivait un modèle.* Il n'a pas ce modèle devant lui; et cependant sa nature interne se dirige dans ses développements d'une manière parfaitement régulière, savante, conforme à la grande loi de la nature agissante, loi qu'elle ignore. C'est que la nature n'est pas copiste, elle est artiste, et ici nous prenons la *natura naturans* sur le fait. A la vérité, nous la voyons opérer sur un degré inférieur de l'échelle. Néanmoins nous apercevons dans son œuvre un fait intellectuel d'une haute signification. Car c'est réellement un type ou un idéal, c'est-à-dire une idée que suit le poussin. S'il la suit aveuglément, du moins il la suit parfaitement, et quoiqu'en lui nous surprenions l'idée sur un degré inférieur, et que le poussin n'ait pas conscience de cette idée, parce qu'il n'est pas une *subjectivité* assez développée pour avoir conscience de soi, l'idée n'en existe pas moins. Si l'objet qui la porte s'y conforme de lui-même, ce n'est qu'une preuve de plus que cette théorie est d'une profonde vérité. Mettez à la place du poussin, par forme d'hypothèse, une *subjectivité* plus développée, et elle suivra avec une parfaite conscience l'idée de son déploiement.

A ce sentiment il s'en joindra même un autre, la certitude que l'idée en vertu de laquelle s'est fait le développement de cette *subjectivité*, de l'homme par exemple, n'est autre chose que son instinct interne, la destinée qu'il porte en son essence et en sa puissance naturelle, (sa destinée essentielle et potentielle) avec la nécessité et le devoir de devenir ce que la nature veut qu'il devienne. Il se révèle donc, dans les individus comme dans le grand Tout, une loi qui se fait reconnaître comme une irrésistible activité, une nécessité interne. Faut-il s'en effrayer ? Cette *nécessité* est-elle la fatalité ?

CHAPITRE XVI.
La nécessité et la liberté.

Le développement interne n'est une *nécessité* que sur ce degré inférieur de l'existence. Il ne l'est d'ailleurs qu'autant qu'il est considéré comme un phénomène objectif par un sujet qui lui est étranger. Transporté sur une échelle plus élevée d'êtres et considéré dans une *subjectivité véritable*, dans l'homme, par exemple, ce développement se reconnaît lui-même et se fait reconnaître comme *libre*. Dans l'être que nous venons de nommer, ce développement est le déploiement *spontané* et *volontaire* du moi, *de tout ce qu'il y a le plus moi au monde*. Dès lors on conçoit qu'entre la liberté et la nécessité, il y a la plus grande analogie. Ces deux choses sont caractérisées par des nuances très sensibles, mais il n'existe pas entre elles de différence essentielle. Au contraire, les deux termes désignent au fond une même puissance, une même activité, celle du déploiement régulier des germes. La *nécessité*, en vertu de laquelle un objet qui a conscience de lui (c'est-à-dire un sujet) se développe d'une manière conforme à sa nature, est *liberté* au point de vue de ce sujet. Tout objet qui a conscience de lui-même, qui est *sujet* ou peut devenir *sujet*, le devient. Dès qu'il a reconnu sa nature et ce qu'il doit être, il convertit l'instinct en volonté, la nécessité en liberté.

Il en résulte que la liberté est notre œuvre. Mais cette œuvre n'est-elle pas elle-même le produit de la liberté? Elle est celui de la nécessité. Mais qu'est-ce donc qu'une liberté qui est l'enfant de la nécessité? C'est une affranchie. Or, si la liberté n'est pas primitive, si elle est quelque chose d'advenue et de devenue, elle n'a pour bien des philosophes et beaucoup de gens qui ne le sont pas que tout juste la moitié de sa valeur. M. de Schelling, qui s'est beaucoup occupé des généralités de la science, et moins des questions spéciales ou des branches secondaires de la philosophie, a pourtant écrit sa philosophie de la nature à une époque où la liberté avait son prix, et n'achetait de personne ses lettres de grande naturalisation. Mais assurément il en eût bien vite découvert le faible s'il fût descendu de la hauteur des théories à la pratique, aux questions de psychologie, de morale et de politique. En se bornant à poser les principes, il n'a pu que se faire illusion sur leur portée; nous le verrons, lorsqu'après l'avoir entendu jusqu'au bout, nous lui demanderons, non pas les principes de sa psychologie, mais les règles de sa morale et de sa politique.

Quant à ces dernières sciences, il tient à cœur de sauver la liberté. En expliquant sa grande loi de la nature, il ajoute cet axiome : Tout obstacle apporté au développement que veut la nature, développement qui est la nature elle-même, serait une violation de sa loi. Or, cette infraction serait d'autant plus illégitime qu'elle viendrait du dehors. Du dedans elle est impossible, car en venant du sujet même, elle serait arbitraire, c'est-à-dire dénuée de la connaissance d'elle-même et de sa destinée, ce qui implique contradiction sur l'échelle des êtres doués de subjectivité. Mais est-ce là sauver la liberté qu'on a eu tant de peine à faire jaillir de la nécessité ? Je crois que c'est verser le char d'un côté après l'avoir dégagé du fossé de l'autre. En effet, c'est proclamer la souveraineté de la liberté individuelle; et l'on voit à quelles fausses applications conduisent forcément ces principes en morale et en droit social. Ils établissent une liberté absolue, et il n'y a pas de liberté de cette espèce, du moins il n'en est qu'une, celle de l'ordonnateur suprême de toutes les autres. Or, M. de Schelling n'admettait pas celle-là précisément qu'il fallait mettre à la tête. La *nature*, *l'être universel*, dit-il, n'arrive à la *subjectivité*, c'est-à-dire à la liberté et à la conscience de soi, que successivement ou, en d'autres termes, dans le *temps*. Quoiqu'on ne puisse pas concevoir d'époque où l'absolu, c'est-à-dire la *raison subjective* de l'univers, aurait existé seul et sans l'univers objectif; quoique, au contraire, l'un et l'autre soient également éternels, en d'autres termes, *quoique la matière et le créateur n'aient jamais existé l'un sans l'autre*, et séparément l'un de l'autre, il n'y a pas moins eu développement et perfectionnement successif dans l'existence du monde. Seulement ce développement, ce perfectionnement a été tout interne. Cela est loin de constituer une liberté primordiale, suprême, régulatrice de toutes les autres. Or sans celle-là, sans ses lois et sa providence, il n'existe pas de libertés individuelles, il n'y a pas de politique digne de créatures raisonnables.

CHAPITRE XVII.

Dieu et la nature.

M. de Schelling rejeta dans ses premiers essais de spéculation, de la manière la plus nette, l'idée d'un être différent du monde, et qui l'aurait créé. Il reconnaissait partout dans la nature la conscience, la pensée, ou ce qu'on appelle l'intelligence et l'esprit. Mais ce n'est pas *in abstracto*, dit-il, qu'il faut l'admettre; ce n'est pas comme une pensée planant dans le vide; c'est *in concreto*, c'est dans la réalité qu'il faut proclamer l'Être suprême, c'est-à-dire la plus haute et la plus puissante *subjectivité*. L'idée fondamentale que nous venons de présenter sur le développement des choses, la formation d'individualités dans l'unité, il l'appliqua à tout ce qui est, posant partout la *natura naturans* avant la *natura naturata,* l'instinct avant le développement, la loi avant l'accomplissement, et la *possibilité* avant la *réalité.* En cela, il avait parfaitement raison, et l'on comprend combien dans cette doctrine se simplifiaient les questions d'esprit et de matière, de cause et d'effet, de création d'un monde matériel par une cause immatérielle. Mais, en vérité, ces questions s'évanouissaient plutôt qu'elles ne se simplifiaient, car après les avoir examinées avec le poétique métaphysicien, on ne les voyait pas même dans ce rayon de lumière, le moi, où il reprochait si spirituellement à ses prédécesseurs de les faire voir. Le moi, on le sait, on le tient; mais la *natura naturans* et la *natura naturata,* l'objectivité convertie en subjectivité, qui les a jamais vues et tenues de même? Pour M. de Schelling, qui proclame l'identité de toutes ces choses que la science se plaît à distinguer, pas de discussion. Mais de la discussion jaillit plus ou moins de lumière, tandis que les oracles demeurent toujours plus ou moins obscurs, ceux de la philosophie comme ceux de la théologie.

Cette obscurité était grande et un peu recherchée, même dans les oracles que M. de Schelling rendit au commencement sur la question qui nous occupe, Dieu et le monde. Tout ce qui existe est force et puissance, disait-il ; tout n'arrive pas au degré de développement qui a conscience de soi ; tout est néanmoins activité. Ici, c'est une activité purement objective ; c'est ce qui ne se sait pas actif. Là, c'est au contraire une activité subjective ; c'est ce qui se sait et s'aperçoit actif. L'activité aperçue hors de l'objet est mouvement ; l'activité aperçue par elle-même est subjectivité. La pensée, c'est nous ; en d'autres termes, nos idées, c'est *l'esprit dans les formes de la pensée.* Nos idées en dehors de nous, et indépendamment de nous, n'ont pas d'existence réelle. A supposer que l'esprit ne soit plus, où seraient-elles et que seraient-elles ? Ce seraient des idées conçues par d'autres esprits, c'est-à-dire que ce seraient *d'autres esprits*. Tant que nous les reconnaissons pour les nôtres, elles sont nous ; elles sont une seule et même chose avec nous. Or, il en est ainsi de l'être infini, seulement sur une échelle plus haute, universelle. De même que nous reconnaissons l'identité avec nous de tout ce qui est en nous, l'Absolu reconnaît l'identité avec lui de tout ce qui est en lui. Or, tout ce qui existe est en lui, et *ce que nous appelons les objets de la nature n'est autre chose que ses idées et les formes de ses idées*. Ces idées et ces formes n'ont pas plus d'existence réelle sans lui que n'en auraient nos idées sans nous. Est-ce clair ?

CHAPITRE XVIII.

Les puissances de la nature.

M. de Schelling expliquait selon les mêmes principes le mouvement, l'être, la matière, le temps et l'espace, et enfin les grands phénomènes de la nature, la lumière, l'électricité, le magnétisme, le galvanisme. Ces phénomènes, les écoles de philosophie ne les discutaient plus depuis la scission introduite entre les sciences morales et les sciences expérimentales, mais assurément c'était à tort, car cela réduisait leurs études à une sphère trop étroite, trop privée d'air et de lumière. C'est pour cette raison même que M. de Schelling donna à ces questions une grande place dans ses écrits, qui se distinguent précisément de ceux de ses prédécesseurs en ce qu'ils embrassent la philosophie naturelle comme la philosophie morale, et la religion comme les arts. Ces questions figuraient d'ailleurs très légitimement dans une philosophie de la nature, qui n'était guère dans son origine qu'une physique spéculative et qui ne parlait qu'accessoirement des principales branches de ce que j'appelle la philosophie morale.

La physique spéculative de M. de Schelling est d'ailleurs remarquable. Elle part des principes que nous avons déjà indiqués sur la matière et le mouvement. Je me borne à la résumer selon ses formules les plus précises.

La matière est l'être en sa forme primitive, le *primum existens*. Ce *primum* contient dès l'origine tout ce qu'il sera un jour, et l'état de mort ou de léthargie qu'il peut présenter au regard de l'observateur n'est qu'une apparence. La vie dort au fond. Loin d'être morte, la matière porte en son sein une véritable source de vie, *un conflit perpétuel d'expansion et de contraction*. L'expansion et la contraction sont les deux facteurs de l'existence matérielle. Elles sont pour ce degré d'existence ce que l'*intuition* et la *compréhension* sont sur un degré plus élevé. La force expansive enfante dans le monde matériel, l'*espace* et l'*étendue*, comme l'intuition les enfante dans le monde intellectuel ; car, on le sait, l'espace et l'étendue ne sont rien en eux-mêmes, ne sont que des modes de conception pour notre intelligence, des formes qu'elle s'est créées. Au physique, l'intuition se perd dans l'infini, si elle ne rencontre pas de limite. De même, dans l'ordre intellectuel, elle engendre la non distinction. Le vide, l'espace abstrait, est une limite dans l'espace, une négation du vide. Le temps est la succession dans l'activité. Le mouvement, c'est l'activité dénuée de la conscience de soi, et considérée par une subjectivité placée en dehors de l'objet. La lumière est dans l'ordre matériel ce que l'intuition, la pensée, la conscience de soi, est dans l'ordre supérieur. Elle est l'âme matérielle du monde, c'est-à-dire l'activité dénuée de la conscience.

Les deux grandes forces qui expliquent toute activité et tout mouvement dans le monde matériel ne sont pas deux puissances ennemies, isolées. Elles sont unies et harmoniées par un lien commun. Ce lien, qui unit les deux forces fondamentales, l'une expansive, l'autre contractive, c'est le *magnétisme*. Sans ce lien, il n'y aurait pas d'objet, pas d'existence. Il embrasse l'ensemble de ce qui est comme les objets isolés, les individus. Il est la loi générale du monde.

Dans les conflits qui ont lieu entre les objets ou les corps qui s'attirent et se repoussent, le magnétisme éclate sous une forme nouvelle, celle de l'*électricité*. L'électricité est le déchirement de ce qui est uni ou lié en soi. De même que le magnétisme est l'union, l'électricité est la division. L'un de ces phénomènes révèle l'identité, l'autre la différence, mais ils sont incomplets l'un et l'autre, comme tout est incomplet dans la nature dès qu'il est arraché au sublime ensemble dont il fait partie. Le *galvanisme*, au contraire, montre l'union, l'identité de ce qui est différent ; il exhibe ce qui est *non différent !*

Ces principes, dont l'expression résumée peut avoir quelque chose d'étrange, M. de Schelling les exposait d'une manière fort ingénieuse et cherchait à les appuyer d'expériences de chimie auxquelles il attachait un haut prix. Il mettait ce qu'il appelle le *chimisme* à côté du galvanisme, et tâchait de justifier par de savantes déductions le dessein de rendre la philosophie à toutes ses attributions naturelles et à sa mission antique, d'en faire la science générale de tout ce qui est. C'était là une ambition toute simple; car la philosophie est naturellement ce qu'il y a de plus élevé dans l'intelligence humaine, et ce qui est le plus élevé domine tout le reste. En philosophie, dominer, c'est expliquer, c'est donner la clef du mystère. M. de Schelling donna-t-il celle de la nature, en expliqua-t-il le jeu merveilleux, la marche et la puissance, la vie et la loi qu'elle suit dans ses magnifiques développements?

CHAPITRE XIX.

La loi et la vie de la nature.

La nature est l'ordre, le κόσμος. La nature inorganique elle-même ne doit pas être envisagée comme un chaos. Elle n'offre, dans ses individus, qu'un développement imparfait, cela est vrai; mais on y trouve une marche générale, parfaitement réglée, universellement sensible. Elle révèle donc une loi et une puissance. Une loi, c'est une idée; une puissance, c'est une vie. Quelle est la loi et quelle est la vie de la nature?

Établissement d'une distinction dans ce qui était la *non-distinction*, déploiement en multiples de ce qui était un, évolution de ce qui était germe, en un mot, *individuation*, voilà la grande loi qui se révèle dans la nature, qui se manifeste également et invariablement dans l'existence inférieure comme dans l'existence supérieure, la nature organique. Mais qu'est-ce que l'individuation, qu'est-ce que cette idée et cette locution de la vieille métaphysique des écoles?

Pour comprendre ce qu'elle est, il ne s'agit que de comprendre comment elle se fait.

L'individuation se fait en vertu de la grande loi du développement de toutes choses, de telle sorte que le véritable fondement de toutes, l'Être suprême et seul positif, demeure en toutes et éternellement une et même chose. Sa nature forme le lien invisible de tous les autres êtres, et les unit éternellement tous ensemble en un seul. C'est ainsi que la nature (c'est-à-dire *tout ce qui est*, la matière et le créateur) s'est faite monde et est devenue organisme, de germe qu'elle était d'abord, germe de tout, mais germe à l'état de léthargie. Cet organisme est à la fois le tout et l'infini ; l'individu n'est rien pour soi ni par soi ; il est subordonné au but général de l'ensemble. Cependant il ne faut pas tirer de cela des conséquences exagérées, car l'individu a son importance propre. Elle n'est qu'individuelle, mais elle est réelle ; elle n'a pas de valeur universelle, de puissance *sur* l'ensemble, mais elle en a *pour* l'ensemble ; si l'individu doit beaucoup à l'ensemble, l'ensemble, à son tour, gagne au progrès des individus. Il tend sans cesse à ce progrès, et l'organisme général, se réfléchissant plus ou moins dans les individus, il en résulte des organismes individuels plus ou moins complets. L'ensemble est le grand organisme, le μακρόκοσμος. Les *organismes* individuels sont des μικρόκοσμοι, car M. de Schelling n'hésite pas à prendre tour à tour ses idées et sa terminologie dans la philosophie ancienne comme dans celle du moyen âge. Les microcosmes sont la vie universelle réfléchie dans une vie individuelle ; ils sont la loi de l'individuation réalisée. Tout est dans cette loi.

En effet, l'unité (ou le divin) se manifeste sans cesse et à l'infini, convertissant avec une irrésistible puissance d'animation en êtres animés la terre, l'air et l'eau. Ces êtres resplendissent sa panbiotie (sein All-Leben), dont ils sont autant de manifestations et d'images. Mais, dans cette animation générale, qui a sa poésie, il faut distinguer des degrés, ce qui est simplement modifié et métamorphosé de ce qui arrive à l'organisme ou à l'état de *sujet* ou de *moi*, d'*ipséité*, si l'on veut accepter ce mot. Ces métamorphoses, ces transformations, tout ce grand développement que M. de Schelling appelle *procès* (*processus*, ou *procedendi* et *progrediendi modus*) de la vie organique, offrent des faits dignes de la plus haute méditation, car la vie n'est en dernière analyse que le passage de la nature à une puissance supérieure par le combat de la matière et de la lumière. Du débat ou du procès chimique de la lumière et de la matière sort un troisième, qui n'est plus ni l'une ni l'autre, qui est une chose en soi, un organisme. Mais dès lors il est évident que, dans ce procès, dans cette crise qui produit une existence supérieure, il intervient quelque chose de plus que la matière et la lumière. En effet, il y intervient un principe d'excitation ou de fécondation qui est au principe excité et fécondé ce que la lumière est à la matière. On peut appeler le principe excitant le père, le principe excité la mère. N'importe, mais la vie n'est pas le résultat de ce procès organique, elle est le procès ou la génération elle-même. Or puisqu'il en est ainsi, la fin de la génération est la mort. Il n'y a donc pas d'autre vie pour l'individu que le γίνεσθαι ἐν τῷ χρόνῳ, *le naître dans le temps.*

Je n'appuie pas sur ce principe, on en conçoit la portée, et la critique aura son tour : je continue mon exposé. Tout l'organisme connu se distingue en deux classes, plante ou animal. La vie de la plante, la végétation, est un procès chimique, une décomposition continuelle en oxygène et hydrogène. A ce degré, la vie passe sans cesse à l'état de désoxydation, et finit par le fruit, qui est la partie la plus désoxydée, et, par conséquent, la plus combustible de la plante.

Le second degré de l'organisme, l'existence animale, offre le phénomène contraire. A ce degré, la vie est une réception ou assomption continue d'oxygène au moyen de la respiration, et les organes sont doués d'une capacité continue d'allumer, hors du sang, l'oxygène qui entretient la vie. Cette capacité n'est autre chose que l'irritabilité naturelle du corps, laquelle est à son tour le principe de la mobilité. Il s'y joint une troisième qualité, qu'on ne trouve que dans l'existence animale, la sensibilité; mais il s'agit ici de la sensibilité purement animale, sans l'idée de conscience.

Dans cette triplicité de fonctions naturelles, la vie est constituée comme un tout organique. L'irritabilité, qui se porte au dehors, est comme l'intuition qui se porte au loin. L'intuition a besoin d'une limite pour ne pas se perdre dans le vide, l'irritabilité demande de même un obstacle pour ne pas s'anéantir. Aussi une limite lui est-elle donnée, la sensibilité. Celle-ci est déterminée par la nature individuelle et interne, et elle détermine à son tour le caractère de toute impression externe. Ainsi la vibration de l'air n'est un son que pour l'oreille qui écoute, la lumière une clarté que pour l'œil qui la reçoit. La sensibilité donne les sensations. L'effet produit par la lumière sur la vue, par le son sur l'ouïe, est la sensation. Ensemble, l'irritabilité et la passivité constituent l'instinct, qui est une faculté puissante, mais sans conscience d'elle-même. L'animal sent, mais ne sent pas qu'il sent; il est sur un degré qui approche de l'échelon où est l'homme à l'état de rêve; l'animal est à peu près aussi incapable que le songeur de prendre possession de lui-même. La vie ou la sensibilité qui a conscience d'elle-même constitue, dans l'existence, un nouveau degré d'organisme, où l'individu se devient objet à lui-même, c'est-à-dire *esprit*.

7.

Conscience et science, ou pensée et idée, voilà le terme où aboutit ce grand enchaînement de puissances, ce *dynamisme* de la nature, qui élève successivement l'être ou la matière de la léthargie apparente jusqu'au degré de *florescence* (il me faut ce mot), où la vie et la conscience, l'être et la science absolue sont une et même chose. Mais ce que le vulgaire appelle être ou matière (substratum des phénomènes) n'est autre chose que cette puissance active de la nature qui se *répète* elle-même jusqu'à ce qu'elle s'apparaisse enfin dans sa forme la plus pure, et qu'elle aperçoive d'une manière abstraite la loi qui fait tout. Alors elle reconnaît que tout ce qui est n'est que mode ou forme de cette activité; en un mot, qu'elle-même, la nature active est avec la forme une seule et même chose; qu'elle agit sous cette forme; qu'elle est réelle en elle et par elle. Ainsi, les deux antithèses, *être* et *penser*, *réalité* et *idée* ne sont que les deux pôles d'une seule et même chose. Elles sont identiques dans l'absolu.

Je ne m'arrête pas aux nombreuses questions que soulèvent ces assertions dont quelques-unes sont des hérésies grandes comme des montagnes; je fais cette seule objection, qu'on ne voit pas trop de quelle origine peut être la loi suprême que suit la vie de la nature ? Est-ce d'elle-même ou d'un autre qu'elle tient sa naissance, et comment se fait-il qu'une loi soit suivie, et qu'une vie commence sans qu'il y ait un principe supérieur au commencement et à la loi qui le régit ? Est-ce donc en elle-même que la nature trouve à la fois son origine, son action et sa règle ? Oui, sans doute, et c'est pour cela qu'elle est l'absolu, et que cette philosophie de la nature est la philosophie de l'identité, qu'elle n'est en dernière analyse qu'un *idéalisme objectif*.

Tel est le contour général de la philosophie de la nature par laquelle débuta M. de Schelling, si j'ai bien rendu des idées qu'en Allemagne même on se plaint de ne pouvoir pas toujours saisir, et pour l'expression desquelles je n'ai employé que sobrement la terminologie de l'auteur. Cette terminologie, il ne faut pas la regretter. Elle aurait conservé davantage au système de la nature sa physionomie primitive ; mais elle exigeait de nous des alliances de mots que repousse le génie de notre langue. D'ailleurs M. de Schelling s'accuse lui-même de n'avoir pas été assez clair dans ses premiers ouvrages, et déclare que toute philosophie qui ne peut pas être exprimée dans les langues polies, de manière à se faire comprendre également de toutes les nations civilisées, ne saurait avoir la prétention d'être la philosophie universelle.

Il faut, en général, considérer toute cette partie de son enseignement comme un début, comme un éclatant essai de jeunesse. Je l'ai déjà dit, j'attache beaucoup plus de prix à la seconde phase de la vie philosophique de M. de Schelling, celle où il s'occupa de la *philosophie de l'esprit*, qu'à la première, et plus à la troisième, celle où il s'occupe de la philosophie de la révélation, qu'à la seconde. Effectivement le système de M. de Schelling se compose aujourd'hui de ces trois branches, division qui n'était pas prévue de prime-abord, et qui est en même temps la preuve d'un grand progrès dans les idées du philosophe et celle d'une grande influence exercée sur lui par les idées de son temps. Cette marche est celle du monde depuis cinquante ans. De l'étude de la nature, qu'on divinisait un peu à la fin du dernier siècle, on passa bientôt généralement à celle de l'humanité, de l'esprit et de la raison. De cette étude nous passons enfin, tous, à celle de la divinité, de la révélation, de la religion. Il n'est pas étonnant qu'un esprit aussi supérieur que M. de Schelling ait marché comme son temps, et lui reprocher comme on fait, de n'avoir pas toujours enseigné de même, de n'avoir pas employé toujours la même terminologie; relever avec un soin scrupuleux toutes les variations qu'il a présentées successivement à la critique de ses adversaires, c'est presque faire son éloge. Ces variations sont autant de progrès dont un philosophe peut s'honorer, s'il passe des ténèbres au grand jour, d'une doctrine incertaine à une foi certaine, de quelques spéculations un peu hasardées à un enseignement positif, d'une philosophie poétique de la nature à une philosophie positive de l'esprit.

CHAPITRE XIX.
La philosophie de l'esprit.

Dans les écoles d'Allemagne, on appelle philosophie de l'esprit, non pas notre psychologie, ni l'ancienne pneumatologie, mais la science de tout ce qui est esprit, la science de l'intelligence divine ou humaine, absolue ou relative, infinie ou finie.

Au fond la philosophie de la nature et la philosophie de l'esprit embrassent tout. On ne voit pas de troisième, et la philosophie de la révélation, que nous verrons tout à l'heure, n'est qu'un corollaire des deux autres. Quand je dis des deux autres, c'est encore une sorte d'irrégularité, car la nature et l'esprit étant identiques dans le système de M. de Schelling, il ne devrait y être question que d'une seule philosophie, celle de la nature. Cependant la division faite, il faut bien l'accepter, si peu régulière qu'elle paraisse. Cela étant, quelle est la philosophie de l'esprit et quelle est sa valeur ?

Aux yeux des enthousiastes, le grand mérite de M. de Schelling, c'est la philosophie de la nature, qu'il a produite dans sa jeunesse, dans l'âge où l'homme de génie crée avec bonheur et avec fécondité. A mes yeux, c'est la philosophie de la révélation qui est la plus belle part de ses travaux. Personne ne donne la préférence à ses études de transition, et il faut le dire, l'ingénieux philosophe n'a pas apporté le même degré de puissance à l'étude de l'esprit, qu'à celle de Dieu et à celle de la nature. Quoiqu'il n'ait pas toujours distingué ces trois grandes choses, et qu'il les ait souvent confondues et déclarées identiques, dans le désir d'en découvrir les rapports primitifs et l'harmonie dernière, il les a traitées d'une manière fort inégale et un peu décousue aux divers degrés de sa carrière. En général, il a pris une part complète aux études psychologiques de son siècle, aux travaux de Kant, de Fichte, de Hegel et de M. Cousin, ainsi que l'attestent quelques-unes de ses pages ; mais en somme il ne s'est pas appliqué spécialement à cette branche de la science. Sa philosophie de l'esprit n'est que la suite, j'allais dire la queue de sa philosophie de la nature, et il s'y est presque arrêté à Kant et à Fichte. Il n'a rien fait qu'on puisse comparer à l'anthropologie de Kant, à l'étude du moi de Fichte, à la phénoménologie de Hegel, aux belles analyses de psychologie de l'école française. Voici ce qu'il a fait.

S'attachant aux sommités des questions, suivant les habitudes de son intelligence, il a modifié l'idéalisme de son prédécesseur immédiat, Fichte. D'après ce dernier, c'était le *moi* qui créait tout, comme l'araignée crée sa toile. Le moi prenait aussi la place de tout, car il n'y avait que lui dont l'existence fût certaine. M. de

Schelling dépouilla un peu ce monarque pour faire au *non-moi* une part réelle dans le système, une place réelle dans le monde. Mais la révolution ne fut pas très radicale. Concevoir et savoir, penser en un mot est aux yeux du novateur, comme aux yeux de l'autorité qu'il combat, *poser des objets en soi-même* et séparer intérieurement ce qui est pensé de ce qui pense. Toutefois il ne va pas jusqu'à dire que ce qui est pensé n'existe que parce qu'il est pensé et à la suite d'un sujet qui le pense, en un mot il ne réduit pas l'existence tout entière des choses à une objectivité intérieure. Pour lui, elles existent en dehors du sujet. Mais d'un autre côté, si l'objectivité se trouve sauve-gardée par sa théorie, la subjectivité court bien quelques risques, car elle n'est pas autre chose que le plus haut degré de développement et de puissance de l'objectivité. C'est à ce point qu'il n'y a pas séparation et qu'il n'y a pas même dualisme entre eux. Si l'un fait l'objectivité ou l'univers comme l'araignée fait la toile, l'autre fait la subjectivité ou l'esprit, comme la toile qui ferait l'araignée. Ainsi l'un exagère le moi au point d'en faire le créateur de tout ce qui l'entoure, ou de tout ce dont il se plaît à s'entourer, et l'autre exagère le non-moi au point d'en faire à la fois le germe et le père du moi.

En effet, M. de Schelling ne distingue pas d'une manière absolue le *pensant* de ce qui est *pensé*. Ces deux choses si distinctes à l'analyse sont une seule et même chose dans sa synthèse; seulement, le premier est considéré dans la situation d'idée, le second dans celle d'être; mais ils sont à peine séparables pour la conception. Pour les distinguer, il faut une opération de morcellement, la réflexion, car la réflexion est une véritable œuvre de cette nature. Elle est très *anti-philosophique* et loin de donner une science complète. La science complète, c'est celle qui voit l'objet et le sujet dans leur unité absolue. L'absolu n'est ni l'esprit seul, ni la nature seule, deux choses qu'on peut distinguer, mais qui ne sont jamais, qui n'ont jamais été l'un sans l'autre.

On le voit, cette philosophie de l'esprit est la suite de cette philosophie de la nature que M. de Schelling appelait lui-même la *science de la non-différence, de l'identité*. Mais chacun sent ce que vaut cette correction apportée à la doctrine de Fichte par voie d'emprunt à celle de Spinosa.

L'idéalisme objectif substitué à l'idéalisme subjectif n'a pas été une réforme heureuse et n'a jeté aucune lumière sur la question. Passe pour l'homme qui est sujet-objet, le *pensant* et le *pensé*; passe pour Dieu ou l'absolu, qui est aussi sujet-objet, et pensant-pensé. Puis dans l'univers entier il n'est plus rien à qui convienne votre théorie, si ce n'est aux esprits célestes qui seraient aussi des objets-sujets, si la philosophie avait à s'en occuper, ce qu'elle ferait volontiers si elle était moins misérable, mais ce qu'elle est hors d'état de faire. C'est donc à Dieu et à l'homme seuls que convient la philosophie de l'esprit, à la condition encore que l'homme que vous faites un avec le corps le soit réellement et ne soit toutefois qu'*esprit,* ce qui n'est pas admissible, et à la condition que Dieu aussi, que vous faites un avec l'univers, qui est l'absolu et le tout, soit à la fois l'esprit-matière et l'esprit pur, ce qui ne sera jamais accepté par la raison.

Je suppose cependant accepté et admis ce qui est inacceptable et inadmissible, que serait une philosophie de l'esprit qui prétendrait avoir résolu tout le problème de la connaissance en se bornant dans l'univers à Dieu et à l'homme?

Il serait inutile de suivre dans ses détails cette philosophie de l'esprit, puisque l'esprit et la nature sont pour Schelling un seul et même principe sous deux formes différentes et une seule et même substance, le *tout,* qui se nomme tantôt esprit, tantôt nature, parce que c'est tantôt l'*idéal,* tantôt le *réel* qui prédomine. Cela étant, l'unité primitive et immédiate, l'identité absolue du sujet et de l'objet, formant le principe de toute la théorie, et la distinction n'ayant lieu que dans la réflexion, toute antithèse étant évanouie, l'absolu et l'absolu seul étant réel, ce qu'on appelle les choses finies, les êtres isolés n'existant pas, et l'identité absolue étant à la fois la cause de l'univers et l'univers lui-même, on n'a qu'à voir le développement de la nature pour connaître celui de l'esprit. Ce développement est parallèle.

Ainsi, sur le premier échelon trois puissances se correspondent dans la nature et dans l'esprit. Ce sont l'expansion, l'attraction et la gravité du côté de la nature; avec elles marchent parallèlement la sensation, la réflexion et la liberté, du côté de l'esprit.

Sur le second degré du développement général se répondent le magnétisme et l'individualité, l'électricité et l'état ; le chimisme et l'histoire.

Nous avons vu dans la philosophie de la nature le rôle que joue le galvanisme. J'ignore ce qui dans l'esprit répond au galvanisme de la nature. Serait-ce la vie, qui commence là où l'histoire finit? Serait-ce une sorte de résurrection, une vie apparente comme celle des corps galvanisés?

Sur le troisième degré du développement de l'univers-Dieu, de la nature-esprit, se correspondent la reproduction, l'irritabilité, la sensibilité et l'œuvre de l'art. Enfin sur le dernier degré il y a identité entre la nature et l'esprit.

Assurément, une investigation profonde a présidé aux idées de ce parallélisme, mais cela a l'air d'un de ces jeux d'esprit auxquels se livre le métaphysicien qui aime à se reposer et auxquels il n'attache qu'une valeur fort secondaire. Les trilogies ont été et les trichotomies seront dans tous les temps le délassement favori des intelligences fatiguées de leur lutte avec l'ange de Jéhovah au bas de l'échelle où ils croyaient ou croiront monter au ciel.

M. de Schelling examinant les lois de la pensée et les questions qui dominent la logique, que les Allemands traitent toujours avant la psychologie, s'est surtout appliqué à faire ressortir deux vérités fondamentales. La première, c'est que les objets externes ne sont pour nous que ce que sont les idées que nous en avons; la seconde, que la nature des choses et leurs lois sont identiques avec la nature de l'intelligence et ses lois.

Il a montré ensuite comment l'intelligence enfante d'elle-même les idées qu'elle se fait de l'extériorité. Mais l'intelligence, a-t-il dit, ne *crée vrai* qu'autant qu'il y a harmonie entre ses lois et celles de la nature. Cela est d'ailleurs tout simple, la nature et l'esprit n'étant que deux formes d'une seule et même substance.

Cela se confirme par les œuvres que l'intelligence crée dans le domaine de l'art, en vertu de ses propres lois. Le monde tout idéal de l'art et le monde tout réel de la nature sont les résultats d'une seule et même activité. L'union de l'activité qui a conscience d'elle-même avec celle qui ne l'a pas, produit dans l'empire de la nature tout ce qu'on appelle monde réel, dans l'empire de l'art, ce qu'on appelle monde idéal. Aussi la philosophie de l'art ou l'*esthétique* est-elle le vrai sceau de la philosophie de la nature et de l'esprit. C'est pour cela que M. de Schelling s'est occupé de cette science plus que de toute autre branche de la philosophie de l'esprit, de la logique, de la psychologie ou de la morale, par exemple. Ses fonctions de secrétaire d'une académie des beaux-arts, et son goût pour les monuments de l'antiquité l'y portaient d'ailleurs. Et ici je succombe à la tentation qu'on doit combattre dans une esquisse, celle de donner une page de M. de Schelling sur l'art. Cette page nous fera connaître son style et la manière un peu mystique qu'il affectionne pour ses théories sur ces graves questions. Elle n'offrira rien de très saillant ni de très pratique ; mais elle nous facilitera l'appréciation que nous aurons à faire de toute cette doctrine. Je la trouve dans le livre du *Système de l'idéalisme transcendantal*.

« L'art est le seul organe vrai et éternel, le seul document *philosophique* qui manifeste perpétuellement, et sous des formes sans cesse nouvelles, ce que la philosophie ne peut pas représenter extérieurement, c'est-à-dire ce qui n'a pas conscience en agissant et en produisant. Il est le seul qui en constate l'identité primitive avec ce qui a conscience. L'art est pour le philosophe la chose suprême, précisément parce qu'il lui ouvre le Saint des Saints, où brûle pour ainsi dire en une seule et même flamme, et dans sa perpétuelle et primitive union, ce qui est séparé dans la nature et dans l'histoire, ce qui dans la vie, dans l'action, et dans la pensée doit se fuir éternellement (ce qui se fait sans conscience de soi, et ce qui se fait avec conscience de soi, l'objet et le sujet, la réalité et l'idéalité). Le point de vue sous lequel le philosophe conçoit théoriquement l'art, est le point de vue primitif et naturel sous lequel on doit l'envisager. Ce que nous appelons la nature est un poëme écrit en caractères merveilleux, scellés et couverts de mystères. Cependant l'énigme se devinerait si nous y reconnaissions l'Odyssée (les pérégrinations) de l'esprit

8.

qui, dans de singulières illusions, s'y cherche et s'y fuit lui-même. En effet, c'est soi-même qu'y poursuit l'esprit, qui sans cesse s'y fuit, car la terre idéale que nous cherchons apparaît à travers le monde sensible comme à travers des brouillards semi-transparents, comme apparaît le sens à travers les paroles. Le ravissant tableau dont vous cherchez à vous expliquer l'origine naît, pour ainsi dire, par cela qu'on enlève le mur invisible qui sépare le monde réel et le monde idéal. C'est tout simplement une ouverture qui permet aux figures et aux régions du monde idéal (phantasien-welt), imparfaitement réfléchi dans le monde réel, de se montrer dans toute leur grandeur. La nature n'est donc pour l'artiste que ce qu'elle est pour le philosophe, le monde idéal apparaissant toujours limité, le reflet imparfait d'un monde qui n'est pas hors de lui mais en lui. (La nature n'est que dans le philosophe, que dans l'artiste; elle n'est pas hors de lui. Il faut se rappeler que la philosophie de la nature n'est qu'un idéalisme objectif). »

« Maintenant si l'art seul peut représenter d'une manière objective ce que le philosophe se représente subjectivement, on en peut conclure que la philosophie, qui est née de la poésie et s'en est longtemps nourrie, et en général toutes les sciences qu'elle conduit à leur perfection, retourneront, dès leur accomplissement, dans l'océan commun de la poésie comme autant de fleuves émanés de son sein fécond. Indiquer le moyen du retour ne sera pas difficile, car la mythologie ayant été la transition avant la séparation qui paraît si grande aujourd'hui, sera aussi naturellement le moyen par lequel se fera le retour. Toutefois, dire comment doit renaître une mythologie qui soit l'œuvre non d'un poëte mais d'une génération, c'est là un problème dont la solution dépend de la destinée future du monde et du cours de son développement. »

Telle est cette page. Je ne prétends pas l'avoir rendue de manière à la faire comprendre tout à fait, mais j'ai le droit de dire que la version en est un peu plus transparente que le texte, et j'ajoute que, pour mon compte, j'en saisis le sens parfaitement, que les idées m'en paraissent aussi vraies que profondes, sauf cet idéalisme objectif qui est jugé dès qu'il est exposé. Mais il faut bien remarquer la manière essentiellement poétique dont M. de Schelling conçoit et tranche les questions de la philosophie. Par exemple, vous voulez savoir ce qui ramènera la philosophie dans le sein de la poésie, sa mère et sa nourrice, assertions qui sont déjà pas mal poétiques : le philosophe vous répond que ce sera la mythologie, ce qui est plus poétique encore. Vous demandez quelle mythologie : ce sera une mythologie future, nouvelle, née à la fin des temps ou à peu près, et qui offrira l'expression d'une génération et non pas l'œuvre d'un seul. Où et comment en espérer l'avénement? Cela est dans les chances de la destinée humaine. Il n'est rien de plus poétique que tout cela, mais dans tout cela, il n'y a de philosophie qu'en ce sens, qu'on apprend aux penseurs eux-mêmes que sur certaines questions le philosophe fait bien de se jeter dans les bras de la poésie. C'est ce que M. de Schelling fait à merveille, même dans la philosophie de la révélation.

Nous avons hâte d'aborder cette dernière branche de son système, celle à laquelle depuis longtemps il attache le plus d'importance, et dont il s'occupe avec toute la prédilection qu'on porte à une grande métamorphose.

CHAPITRE XXI.
La philosophie de la révélation.

Nous l'avons déjà dit, ce qui nous a fait écrire cette esquisse, c'est le plaisir que nous avons eu à suivre l'illustre philosophe dans ses trois grandes métamorphoses, étudiant successivement la nature, l'homme et Dieu, défaisant lui-même dans l'âge mûr ce qu'il avait fait dans sa jeunesse, et modifiant dans la vieillesse ce qu'il avait édifié dans l'âge mûr. C'est par-là que le noble et hardi penseur est devenu pour nous le type de l'homme et celui de ce siècle.

Car c'est là ce qui se fait naturellement dans l'homme, et c'est là ce que nous avons vu dans l'humanité, en ce siècle de puissantes métamorphoses, de grandes révolutions et de conversions plus étonnantes encore.

M. de Schelling, s'attachant dans sa vieillesse à la philosophie de la révélation et faisant de la science de Dieu, en penseur plein de force encore, l'objet suprême de ses méditations, est réellement le type de l'homme dans tous les temps, et spécialement le type de nos générations. Ce que cherche l'homme, c'est la science de Dieu. C'est aussi la science de Dieu que cherchent aujourd'hui les nations. Elles la demandent d'abord à la philosophie, à l'intelligence humaine. Mais ce n'est pas pour s'y arrêter : c'est pour aller plus loin. Elles veulent comparer désormais librement les deux voix, celle de la raison et celle de la révélation. C'est là ce qu'a si bien compris M. de Schelling, qui était parti de la révélation, dont la première étude philosophique avait eu pour objet un texte sacré, et qui devait nécessairement revenir aux enseignements divins. Déjà, dans ses méditations premières, dans la philosophie de l'esprit comme dans celle de la nature (qui sont au fond pour lui une seule et même chose), il cherchait avant tout le suprême, l'absolu ou Dieu, le mot de toutes les énigmes. « La science complète de la nature, disait-il, serait celle pour qui toute la nature se traduirait en une Intelligence. Et déjà cette science est ébauchée. Dans les phénomènes optiques, par exemple, s'évanouit jusque à la trace de l'élément matériel, et des phénomènes de la gravitation il ne reste que la loi. Ce qu'on appelle la nature morte, ce n'est pas la vraie nature, ce n'est que la nature avortée ; c'est l'intelligence non encore arrivée à maturité. L'intelligence arrivée partout à maturité, l'intelligence pure et absolue, c'est Dieu. » La théorie sur Dieu, M. de Schelling l'appelle *Philosophie de la révélation.*

On demandera tout d'abord ce que c'est que cette philosophie? Celle du christianisme ou celle du judaïsme ? M. de Schelling dans ses vieux jours est-il devenu tout simplement chrétien, et a-t-il soumis sa raison à la foi, comme Pascal voulait le faire toute sa vie ? Sa philosophie de la révélation est-elle par conséquent celle de Malebranche ou celle de Fénelon ?

A ces questions il faut répondre catégoriquement que non, que M. de Schelling, à la vérité, reconnaît ensemble les deux révélations, celle du judaïsme et celle du christianisme, mais que sa manière de les entendre n'a rien de commun avec celle des deux philosophes que nous venons de nommer. Elle n'offre pas non plus de ressemblance avec celle de Leibnitz, qui avait si bien étudié l'un et l'autre. Le point de vue de M. de Schelling est plus ambitieux. Dans sa philosophie de la nature, il ne s'est pas arrêté non plus à Leibnitz, il est allé à Spinosa ; il ne s'est pas arrêté à Bacon et à Aristote, il est allé à Parménide et à Xénophane. Il a fait de même pour sa philosophie de la révélation. Ce n'est pas au dix-septième siècle, c'est au premier qu'il remonte; et c'est à la manière de Philon, d'Origène, de Clément d'Alexandrie, c'est même à la manière des principaux gnostiques qu'il interprète les textes de la révélation. C'est toujours son ardeur toute poétique qui le conduit dans les hautes questions de la philosophie. Aussi la révélation n'est-elle pas pour lui ce qu'elle est pour les autres. La poésie, la mythologie, les traditions, les monuments de tous les peuples et les arts de tous les temps y jouent un rôle considérable. A l'entendre, au premier abord, rien n'est cependant plus simple que sa pensée sur la révélation.

Les vérités fondamentales, dit-il, nous ne les tenons que de la révélation, celle par exemple que Dieu a créé le monde, parce qu'il voulait être connu d'êtres en dehors de lui. L'histoire est une grande révélation, avait-il dit autrefois. La révélation, dit-il aujourd'hui, est une histoire qui embrasse et dévoile tout depuis l'origine du monde jusqu'à sa fin. C'est pour cette raison qu'il appelle cette partie de sa doctrine la philosophie de la révélation, et qu'il y attache une haute importance. Il a raison, cette étude, tout le monde la rechercherait, aujourd'hui, et l'accepterait avec respect à ces deux conditions, d'abord, qu'on s'expliquât plus clairement sur ce qu'on appelle révélation, et ensuite, qu'on en conciliât plus complétement les théories avec celles de la raison. Qu'est-ce donc ce que M. de Schelling appelle philosophie de la révélation? Est-ce la philosophie donnée à la raison par la révélation ? Mais cela ne se peut pas, car la révélation ne donne pas de philosophie. La philosophie est l'œuvre de la raison. La philosophie de la révélation doit donc être une philosophie fondée par la raison sur la révélation ; mais la raison peut-elle édifier sur la révélation ? Évidemment non, car elle ne peut prendre le fondement de son édifice qu'en elle-même. Le nom de cette science est donc mal fait, et dès lors il ne doit pas plus être accepté en Allemagne qu'ailleurs. M. de Schelling le sait, il serait intolérable chez nous, qui voulons attacher à chaque terme une idée nette, c'est-à-dire une seule idée, une idée exclusive. Or tout idiome qui prétend au rang d'une langue philosophique doit suivre la même règle. On peut conjecturer, à la vérité, que philosophie de la révélation veut dire philosophie sur la révélation, mais réduire le lecteur aux conjectures, c'est l'exposer à l'erreur et renoncer au rôle de guide. D'ailleurs, que nous donnera la philosophie sur la révélation? Et que peut décider la raison sur le domaine de la révélation? Elle peut traîner devant son tribunal les textes et les doctrines révélés; cela est vrai. Mais les peut-elle juger? Est-elle compétente? Et si elle ne l'est pas, à quoi bon cette comparution suivie d'une déclaration d'insuffisance? Je le sais bien, en France aussi, on parle d'une philosophie de la religion, d'une philosophie du christianisme; mais ce qu'on donne sous ce nom, est-ce bien de la philosophie? C'est je ne sais quel mélange de philosophie dénaturée en religion et de religion dénaturée en philosophie qui ne satisfait ni les philosophes, ni les théologiens. Et c'est là absolument ce qui arrive à la philosophie de la révélation de M. de Schelling. Philosophe avant tout, il abdique un peu la philosophie pour flatter un peu la théologie, et cependant il ne satisfait ni ceux-ci, ni ceux-là.

« Il faut être sincère, dit-il. La sincérité est la première condition de la science. Dès lors il faut ou rejeter la révélation ou convenir qu'elle contient ce que ne contient pas la raison. Et à quoi bon une révélation, si l'esprit humain peut tenir de lui-même ce qu'elle lui donne? D'ailleurs il n'est rien de plus irrationnel que de vouloir *rationaliser* et faire comprendre ce qui ne se donne pas pour rationnel, ce qui se déclare lui-même au-dessus de la raison et de ses idées. On ne peut exiger le caractère *rationnel* que de ce qui se donne pour tel. La révélation n'a pas cette prétention. Elle a la prétention contraire. Elle est au-dessus de la raison autant que Dieu est au-dessus de l'homme. Elle dit elle-même qu'elle dépasse toute intelligence humaine. Et que serions-nous si cela n'était pas ? La raison est ballottée de doute en doute. Or ce ne peut pas être là sa destinée dernière. Sa destinée dernière est la science suprême. La science suprême est la foi, la foi au dernier et au suprême. C'est le port assuré qui est offert à la raison errante sur l'océan agité par la tempête. C'est donc là qu'il faut diriger ceux qui cherchent la science. La science est consommée dans Jésus-Christ, et saint Augustin a eu raison de dire : *Praeter Christum scire est nihil scire.* »

Fénelon et Malebranche n'ont pas mieux dit, car quelques-unes de ces paroles sont de saint Paul. On dirait qu'il n'y a qu'à mener la raison aux pieds de la révélation pour s'en laisser instruire. Or c'est bien ainsi que l'entendent les écrivains ordinaires qui publient des traités sur la philosophie du christianisme, et dans ce sens M. de Schelling a leurs suffrages. Mais s'il est d'une tout humble simplicité sur le mot de révélation, il est singulièrement ambitieux, je l'ai dit, quand il s'agit de la *philosophie de la révélation.*

« Je reconnais, dit-il, le fils de Dieu fait homme et tout le contenu de la révélation comme autant de faits. Je les admets, quoique ce soient des mystères. Seulement je cherche à les *expliquer.* » Qu'on ne se récrie pas encore. M. de Schelling ne prétend pas *rendre raison* de ce qui *dépasse la raison.* Il entend par *expliquer les mystères*, les prendre dans un sens déterminé. Cela est légitime. Il ajoute même, pour rassurer tout le monde, que « la philosophie de la révélation ne veut pas faire un système de dogmes, qu'elle veut seulement *expliquer la révélation.* » Mais si modeste que paraisse communément le rôle d'un *explicateur*, le droit de donner un sens déterminé à tous les faits et à tous les mystères est un droit si élastique, qu'entre les mains d'un philosophe aussi poétique que M. de Schelling, il devient immense. Cela se comprend. Et comment déterminer le sens d'un fait sans le comprendre?

Ou bien la raison comprend ou elle ne comprend pas la révélation. Dans le premier cas celle-ci ne passerait pas l'intelligence, et alors elle serait inutile. Dans le second, la raison ne la saisirait pas, et ne pourrait pas l'expliquer. Il n'y a donc pas moyen de s'occuper de la révélation comme M. de Schelling semble le vouloir. Ce qui l'a trompé et ce qui a trompé les siens, c'est une faute de langue. On explique les textes de la révélation, on n'explique pas la révélation; on ne détermine pas même le sens où elle doit être prise, elle détermine ce sens elle-même. Elle est ce qu'elle est et le reste toujours. Elle n'est pas un oracle de la Pythonisse, un poëme de la Sibylle. On explique ces poëmes et ces oracles, on n'explique pas la révélation. Il y a lieu d'expliquer, de déchiffrer les enseignements des religions anciennes, dont les traditions, les mythes et les symboles, loin d'offrir un sens déterminé, présentent des idées très vagues et très variables. Il n'en est pas de même des textes sacrés, qui donnent,

9

à la vérité, des enseignements mystérieux, mais dont les termes sont positifs et les idées invariables. Il faut ou les rejeter ou les prendre tels qu'ils sont avec la synthèse de la foi, sans les soumettre à l'analyse de la raison. Or toujours une confusion en enfante une série d'autres. Aussi arrive-t-il sans cesse à M. de Schelling de confondre la révélation et la mythologie, de traiter les données de l'une comme celles de l'autre, de faire précisément ce qu'il ne veut pas, c'est-à-dire un système de dogmes, et de substituer ses idées philosophiques aux enseignements révélés, ce qu'il trouve absurde. C'est par là qu'il a débuté dans son premier écrit. Est-ce par là qu'il finira dans les derniers, et après avoir condamné d'abord la raison à la soumission la plus absolue pour la révélation, voudra-t-il encore soumettre la révélation au gouvernement le plus absolu de la raison ? Qu'on en juge.

C'est au moyen de la raison qu'il explique la révélation, qu'il lui donne un sens déterminé.

Or, de cette manière, la raison reprend tout le terrain qu'on lui avait dénié; elle redevient juge du camp où elle était entrée en captive, les mains chargées de fers sacrés. Ce qu'elle explique, non seulement elle le comprend, mais elle l'approuve, elle l'adopte, et dès lors la révélation n'est plus au-dessus de l'esprit humain; elle est sinon au-dessous, du moins sur la même ligne. Comment M. de Schelling a-t-il pu dire le contraire? Il distingue et se sauve à force d'esprit. Elle était au-dessus de la raison avant de se manifester (*à priori*). Elle ne l'est plus depuis qu'elle est manifestée (*à posteriori*). On appelle cela une vaine distinction. Je ne connais rien de plus sensé. On oppose à M. de Schelling une assertion produite il y a quarante-cinq ans : « La raison non seulement a l'idée de Dieu, elle est cette idée. » Je ne connais rien de moins philosophique que cette assertion, qu'on trouve si sublime et qu'on oppose à son auteur avec tant de pompe. Elle est peu philosophique, car la raison n'est pas une idée, elle

9.

est ce qui a des idées, et elle est quelque chose encore quand vous lui ôtez toutes celles qu'elle a. Je me trompe, il y a quelque chose de moins philosophique encore; c'est de ne pas comprendre qu'une aussi belle intelligence a pu dans quarante-cinq ans revenir sur une erreur. M. de Schelling n'a-t-il pas le droit de tout philosophe, d'abandonner et de modifier sa pensée à toute heure de sa vie? Et en déclarant, comme il le fait, qu'il ne présente pas aujourd'hui une doctrine nouvelle, est-il obligé de jurer sur chacune de ses vieilles paroles? Il est d'ailleurs dans la vérité quand il affirme que sa doctrine repose encore sur sa base première et se fonde sur son point de départ. Je viens de rappeler dans quel sens il fit le premier de ses travaux. Cet esprit, il le conserve en expliquant les données de la révélation conformément à la raison. Je ne dis pas qu'il y réussit, je dis seulement qu'il est fidèle à l'esprit de son système, quelques modifications qu'il apporte aux détails. Je vais plus loin, et j'ajoute qu'il est à ce point fidèle à ses habitudes primitives qu'il en devient infidèle à ses opinions dernières, et qu'après avoir adopté la supériorité de la révélation sur la raison, il en traite les textes en général comme il traita, il y a cinquante ans, le troisième chapitre de la Genèse. Pour lui le récit de la chute est encore un *mythe*. Il trouve des traits mythologiques dans les idées et dans les traditions de tous les âges de l'ancienne alliance. Il retrouve enfin des accents de mythologie dans les livres de la nouvelle ; et dans ses leçons publiques, après avoir exposé sa philosophie de la révélation, il expose celle de la mythologie avec la même chaleur et la même nuance de sympathie. Cela entendu, et l'idée qu'on doit se faire de la philosophie de la révélation aussi bien indiquée qu'il nous est possible de le faire, voyons quelles sont les idées fondamentales de cette philosophie?

Au premier aspect, ce sont tout simplement tous les grands dogmes de la religion chrétienne, exposés dans la terminologie de l'Église avec tout l'éclat d'un beau talent. Mais on serait dans une étrange erreur, si l'on se persuadait qu'en les exposant et en leur donnant un sens précis au moyen de la révélation, cette *institutrice de la raison*, M. de Schelling les prend précisément dans le même sens que l'Église. Les termes sont identiques, mais les idées ne le sont pas, et c'est une chose assez étrange que cette philosophie sur le Catéchisme et la Bible où l'illustre philosophe, usant d'une liberté inconnue partout ailleurs qu'en Allemagne, apprend à donner aux choses un tout autre sens que celui qu'elles ont pour tout le monde depuis dix-neuf siècles, et mêle ensemble le christianisme et le platonisme, la mythologie, le mysticisme des gnostiques et celui de Bahme. Il faut pourtant faire cette connaissance. On n'aurait sans cela aucune notion saine de ce qu'est aujourd'hui l'étude de la philosophie en Allemagne, c'est-à-dire de ce qu'est la pensée dominante dans certaines sphères de ce pays.

Je me bornerai d'ailleurs à quelques principes, Dieu et la Trinité, la chute, le mal et Satan, la rédemption, le christianisme, l'Église.

CHAPITRE XXII.

Dieu et la Trinité.

On sait par la philosophie de la nature et par celle de l'esprit ce qu'est Dieu dans la doctrine de Schelling. C'est *l'absolu*. Or on sait aussi ce que c'est que l'absolu. Je pourrai donc être très court ici, et je le serai, car si cette partie de la philosophie de la révélation est celle qui a le plus mes sympathies par ses tendances, et en tant qu'elle proclame la supériorité de la révélation, elle ne les a qu'en ce sens. Et si j'aime infiniment M. de Schelling cherchant Dieu dans les textes sacrés, après l'avoir cherché dans l'homme et dans la nature, où il se trouve assurément aussi, j'aime beaucoup moins M. de Schelling qui croit l'avoir trouvé en expliquant ces textes comme ceux d'Hésiode et d'Homère. Ce qui est digne de tous les respects, c'est qu'un penseur aussi exercé, aussi universel, vient déclarer, dès le début, que Dieu est le *véritable* objet de la philosophie. M. de Schelling, qui exagère quelquefois comme tout le monde, dit même qu'il est le *seul* objet de cette science. Qu'a-t-elle à en dire ?

« Comme objet de spéculation, Dieu a deux faces, l'une c'est son être ou sa substance, l'autre son existence. »

Pour ce qui est de l'existence de Dieu, la grande difficulté est d'en avoir une preuve directe, une preuve de fait, une autre preuve qu'une preuve de logique, l'idée de son être. C'est là toujours ce qu'on nous offre, cette vieille démonstration entachée d'un vice fondamental. En effet, nous avons beau remonter d'idée en idée, d'abstraction en abstraction, et, pour prouver que nous tenons mieux l'une que l'autre, dire que toute idée a un objet, tout objet de connaissance une existence, celle de Dieu n'est pas prouvée par cette déduction. L'existence logique l'est sans doute ; l'existence métaphysique ne l'est pas. M. de Schelling est-il plus heureux que d'autres sur cette question, la plus importante de toutes ? Il est ici, comme ailleurs, fort ingénieux dans sa critique, et il s'amuse surtout de l'erreur où est tombé à cet égard le plus illustre de ses disciples. « J'ai fait la moitié d'une chose, dit-il en riant, et Hegel l'a prise pour le tout : j'ai donné la déduction logique, il l'a prise pour la démonstration réelle. » Cela est plein de sel, comme tout ce qu'il dit sur son célèbre émule, mais cela ne fournit à personne la seconde moitié d'une preuve que tout le monde veut avoir complète, et dont cette moitié est la plus importante. Cette moitié, M. de Schelling ne l'offre pas en philosophe ; il la présente en chrétien, au moyen de la foi qu'il porte « à ce qui est écrit, » à la révélation. Cela est très chrétien, mais cela n'est que sage de la part d'un penseur qui ne veut pas retomber dans la vieille aberration de Kant. J'ai dit que ce dernier ne trouvait pas la raison *spéculative* capable de donner un autre Dieu qu'un

Dieu logique, et qu'il demanda un Dieu réel à la *raison pratique*, c'est-à-dire au sens moral. M. de Schelling, ne voulant pas de cette autorité, n'avait que celle de la révélation, c'est-à-dire la raison guidée par les textes sacrés et les traditions antiques, car c'est là ce qu'il entend par sa philosophie de la révélation. Voyons maintenant ce qu'il trouve dans cette *philosophie positive*, qui vient compléter sa première doctrine, la *philosophie négative*, sur la substance de Dieu.

Il y trouve, d'abord, un Dieu primitif, existant dans un temps antérieur à celui que conçoit la pensée, et cette partie de sa théorie est importante comme point de départ, mais ce n'est pas celle où la révélation l'a le mieux guidé. Au contraire, cette théorie est une de celles pour lesquelles il a le plus consulté Spinosa, et celle de toutes où il emploie davantage ces termes allemands si commodes, qu'on regrette de ne pas avoir à sa disposition dans d'autres langues lorsqu'on se trouve un peu en défaut de lumière, mais qui sont si vagues et si trompeurs qu'ils égarent singulièrement ceux qui s'abandonnent à leur douteuse clarté. Qu'on en juge.

Le principe de tout est le *Unvordenkliche* (mot barbare et barbarement composé du radical *denken*, concevoir ; de deux préfixes, *vor*, avant, et *un*, *ce qui ne se peut pas* ; et d'un suffixe, *lich*, *ce qui se peut*) c'est-à-dire le principe est ce à quoi rien ne peut se concevoir d'antérieur, définition très bonne, qui peut s'appliquer à Dieu, mais qui n'en serait que plus acceptable si elle était présentée dans des termes plus purs. Ce principe est le *Blind existirende*, ce qui existe aveuglement. Ces termes semblent rappeler la substance de Spinosa. Il est le *Urgrund* et le *Abgrund*, la cause première et l'abîme.

Ces mots paraissent empruntés aux gnostiques et à Jacques Bœhme, et ils ne répandent guère plus de lumière que les précédents sur le principe, la substance, l'être suprême, qui est en question. Dieu est assurément *antérieur à tout ce que conçoit la pensée* ; il exista dans un *temps antérieur au temps* et à la création, puisqu'il ne se conçoit pas de temps où il n'ait pas existé. Mais si ces notions, qui sont saines, peuvent être acceptées aisément, il n'en est plus de même de celles qui suivent, et qu'il est aussi difficile de bien rendre que de bien saisir. Il est vrai qu'il ne s'agit de rien moins que d'expliquer d'un seul coup Dieu et le mystère de la Trinité. Pour en saisir au moins l'idée générale, il faut se rappeler que Dieu fut toujours en germe et en substance, mais ne fut pas toujours en état de déploiement complet; que ce qui était toujours en germe s'est développé, que ce qui était toujours en puissance s'est déployé. Cela est enseigné par les gnostiques, par tous les théosophes qui professent des systèmes d'émanation. Cela est en partie conforme à la foi religieuse, qui admet successivement la manifestation du Père, du Fils et du Saint-Esprit. Mais ce qui va suivre sur la Trinité est tout à fait différent. « Le premier est le *blinde seyn* (l'existence aveugle); le second, le *seyn koennende* (le pouvant être); le troisième le *seyn sollende* (le devant être). C'est-à-dire qu'avant d'arriver à ce qu'il pouvait et devait être, Dieu n'était qu'une substance antérieure à toute autre, et ayant la puissance de se développer à l'infini, mais réduite à une existence dénuée de toute connaissance et de toute activité, à une *existence aveugle;* que de ce degré il a passé au second, à celle de puissance commençant le cours de son merveilleux développement, et que de ce degré il est arrivé au troisième, à toute la perfection dont il était susceptible. Tels sont les trois degrés de la génération de Dieu, les trois *puissances* dont la Genèse parle sous le nom d'*Elohim*, puissances sorties du germe divin, et qui peuvent y rentrer!

Cela est tout à fait conforme au gnosticisme, qui se disait aussi une révélation spéciale, mais cela sort à ce point de la révélation chrétienne, qui enseigne un Dieu parfait de toute éternité et immuable dans sa perfection, qu'on ne comprendrait rien à ce mélange de sources si diverses, si l'on ne savait, avec quelles licences poétiques l'auteur puise dans les textes de tous les peuples et les systèmes de tous les âges. Chose singulière ! M. de Schelling est si satisfait de cette étrange théorie, que pour lui la philosophie, la métaphysique, est la théorie des trois puissances de la Trinité avant son *entrée dans le monde*, tandis que les autres sciences ne commencent qu'avec les pérégrinations de la Trinité dans le monde. Et là-dessus, nouvelle série d'explications nouvelles, où Spinosa reprend le dessus sur toutes les idées de la révélation, mais où reparaissent toujours quelques lambeaux défigurés de textes sacrés. Ainsi ces textes considèrent quelquefois la création comme une véritable manifestation de l'Être suprême, et M. de Schelling s'appuie sur ces paroles pour enseigner, que Dieu en germe n'était qu'une sorte de chrysalide qui ne méritait le titre de Dieu qu'après la création.

Jusque-là ce n'était qu'une *existence aveugle*. Ce mode cessa d'être lorsque l'existence primitive conçut la possibilité et la volonté (c'est un être aveugle qui conçoit et veut) de devenir *l'autre* (τό ἕτερον). Ainsi fut créé le monde. Le monde est la fin de cette existence primitive et aveugle, et c'est donc en quelque sorte le monde qui donna naissance à Dieu, ce n'est pas Dieu qui donna naissance au monde. En effet, Dieu n'est que la substance ou la matière arrivée à un développement rationnel, à l'état de pensée. Quand le monde est arrivé à la pensée, la création a été achevée, et la félicité de Dieu a été parfaite. Ainsi, par la naissance de la pensée et de la vérité, Dieu n'est pas seulement *devenu esprit*, mais il a encore connu le bonheur ; car il a pu produire, créer. Or, créer, c'est penser et être heureux. « Je ne suis heureux que quand je produis, disait Jean de Muller. Je ne pense que lorsque je produis, disait Goëthe. *De même*, penser et produire sa création, le monde, c'est la félicité de Dieu. » Tel est, je ne dirai pas le raisonnement, mais le langage de M. de Schelling. Pris comme argument, ce serait là un raisonnement fait un peu trop *ad hominem*. Pris comme exemple, cela ne laisse pas de jeter quelque jour sur un ordre d'idées qui en demande beaucoup. La philosophie de la nature ne craint pas d'ailleurs de transporter les questions de la théologie sur le terrain de l'anthropologie. Quelquefois même elle ne les trouve dignes de son intérêt que sur ce terrain. On sait qu'un des philosophes de cette école, M. Feuerbach, réduit toute la philosophie, y compris la théologie, à l'anthropologie, et que pour lui les mots Dieu et homme sont synonymes. M. de Schelling ne s'est pas perdu à ce point. Sa théorie de la création le prouve. C'est Dieu, ce n'est pas l'homme qui est pour lui le créateur du monde. Sa théorie admet d'ailleurs les *idées*, qui ont servi de types à l'univers et à ses merveilles, et qui ont été comme les intermédiaires entre Dieu et la matière.

OEuvre de la pensée et de la volonté, la création fut-elle toute spontanée ? « Pour que Dieu pût gouverner le monde et en être le maître, il fallait que le monde fût. » Par la domination du monde, Dieu est devenu *personne*. « Maître d'une existence, voilà la *notion* de la personnalité ; domination de l'existence en général, c'est la *personnalité absolue*. Et c'est seulement comme maître d'une autre existence que la sienne que Dieu est *dégagé de lui-même*, absolument libre et bienheureux. »

Cela est bien contraire à la théologie générale, où Dieu est heureux en lui, dans la contemplation de ses perfections; mais on le sent bien, c'est dans un tout autre ordre d'idées que se place notre métaphysicien.

A la première personne de sa Trinité il rattache les deux autres avec la même liberté d'interprétation des textes sacrés.

CHAPITRE XXIII.

La Trinité, ou les trois puissances devenant trois personnes.

La première s'étant manifestée, vint le tour de la seconde. La seconde, le *Logos*, intervint dans la création et commença la carrière de son développement. Cette carrière fut longue et offrit, suivant M. de Schelling, des incidents assez variés. La philosophie et l'histoire ordinaire ignorent ces accidents. Les textes sacrés du judaïsme font beaucoup d'allusions au fils de Dieu, cela est vrai ; mais ces indications, si précises qu'elles soient, étaient jusqu'ici peu comprises des historiens et des philosophes vulgaires. M. de Schelling, qui ne craint pas de consulter les textes, et qui souvent les interprète par les traditions de la mythologie et les spéculations du gnosticisme, parle des destinées de la seconde personne de la Trinité avant son incarnation d'une manière très positive. « L'antiquité antérieure à l'ère chrétienne, dit-il, raconta ses destinées (l'auteur dit ses *aberrations*) jusqu'à sa personnification dans Jésus-Christ. » Il dit clairement qu'il y avait quelque chose d'incomplet et de défectueux dans la seconde personne avant l'incarnation, comme il y avait quelque chose de défectueux ou d'incomplet dans la première avant la création. Si cela voulait dire que le fils de Dieu n'était pas révélé avant sa venue dans le monde, et que Dieu ne s'était pas manifesté avant la création, cela serait très pur. Mais telle n'est pas la pensée du philosophe. Jésus-Christ avant de revêtir l'humanité, comme dit la foi, était une sorte de milieu entre elle et la Divinité. Il n'était plus égal à Dieu comme avant la création (où Dieu n'était pas Dieu!); il était par suite de la chute de l'homme dépouillé de cette égalité; il était, comme le dit un apôtre : « en forme de Dieu, ἐν μορφῃ θεου. » Cette expression, pleine d'un grand mystère, les théologiens ne l'ont pas comprise. C'est qu'ils l'ont rapportée à la seule condition de l'abaissement dans l'incarnation, ce qui les a jetés dans l'erreur de l'identité du Fils et du Père, du Logos et de Dieu. M. de Schelling, pour prouver l'existence du Logos hors de Dieu, dans l'intervalle de la création à l'incarnation, cite le fait que Jésus-Christ ne s'unit avec le Saint-Esprit qu'au baptême, preuve qu'il en était séparé comme de Dieu lui-même!

Mais, je l'ai dit, c'est là interpréter les textes

sacrés comme les gnostiques, et dans tout ce que le célèbre philosophe dit des destinées du Christ dans l'intervalle indiqué, est, sans qu'il s'en rende compte peut-être, calqué d'une manière frappante sur les destinées de la *Sophia céleste*. Il ne faut pour s'en convaincre que jeter les yeux sur une histoire du gnosticisme (voir mon *Histoire du Gnosticisme*, 2e édition).

De ces mystères sur un Dieu mystère, dont le type est le *Père commun* des gnostiques, et sur le déploiement de la seconde puissance, le Sauveur ou le *Rédempteur*, M. de Schelling passe au mystère de la troisième personne et constitue sa Trinité. Cette puissance, le Saint-Esprit est la cause finale. Elle conduit vers le but. Elle amène à un acte décisif le Fils un instant entraîné du côté des hommes et chargé de leurs péchés (ce qui est très évangélique dans un autre sens), et partageant ces péchés (ce qui ne l'est pas assurément). Cet acte, celui-là même qui constitue l'œuvre de la rédemption, est le grand fait de soumission que célèbrent si hautement les apôtres du christianisme, le grand fait de réconciliation qu'il accomplit sur la terre et jusque dans les enfers. Car, moyennant quelques assimilations gnostiques, M. de Schelling admet toute la christologie de l'Évangile, et il me semble quelquefois dans cette esquisse trouver dans ses ouvrages la suite des idées dont j'ai fait l'histoire ailleurs. (*Voyez*, dans mon *Histoire du Gnosticisme*, surtout le système de Valentin).

Mais abstraction faite de ces étranges rapprochements et de cette terminologie que l'on croyait reléguée dans l'empire des fables par les lois des empereurs de Constantinople, M. de Schelling, sans être jamais d'une orthodoxie parfaite, met tout son génie philosophique à *expliquer* la théologie chrétienne. Il apporte même, entre le christianisme et les autres religions, cette différence fondamentale que, dans celles-ci, les faits ne sont que des mythes ou des symboles, tandis que dans celle-là, ce sont réellement des faits. La partie la moins avancée de cette philosophie théologique ou de cette théorie de la Trinité, c'est précisément celle pour laquelle l'Évangile était le plus facile à consulter, le dogme du Saint-Esprit, qui joue un si grand rôle dans l'établissement du christianisme, dans la révélation tout entière, et dont il y avait, ce semble, un parti si brillant à tirer pour ce système. Il est à croire que M. de Schelling n'en demeurera pas là.

Quoi qu'il en soit, la théorie de la Trinité exposée, il montre que cette Trinité est un monothéisme bien supérieur au polythéisme, et *explique* les autres articles de la foi comme l'énigme de la création, comme toutes les autres. Ces articles, nous allons y venir, et voir que c'est tantôt la mythologie, tantôt la théosophie qui vient en aide au philosophe, non pour tout *déchiffrer*, mais pour tout encadrer dans ses aperçus. Le fait est qu'il répand sur tout un singulier mélange de lumière et de ténèbres, au moyen d'une terminologie semi-religieuse semi-philosophique. Mais, dès à présent, nous dirons que dans la suite comme dans tout ce que nous venons de voir, il faut vraiment toute la beauté de son style et toute la souplesse de sa langue, pour qu'on se contente de ce clair-obscur si étrange, et qu'on ne l'arrête pas à chaque pas, pour lui demander raison de chaque terme comme de chaque idée.

En effet, quand la course est finie, les énigmes subsistent et les questions recommencent. Dieu n'est-il qu'en nous et dans le monde, ou bien existe-il aussi hors de nous ? Cela n'est pas dit. M. de Schelling parle de son *immanence* en nous, ce qui est très orthodoxe en un sens, car nous croyons à Dieu en nous ; il parle aussi de sa *transcendance*, mot barbare qu'il faut bien que j'enregistre, et qui se rapporte à Dieu hors de nous. Mais sa pensée n'est pas assez nette pour une question aussi délicate. D'ailleurs sommes-nous sûrs de parvenir à connaître Dieu hors de nous, ou bien n'existe-il là *que pour la foi* ? Puis, Dieu est-il le même pour le philosophe et le fidèle ? Est-il un être indépendant de l'univers ou la pensée de l'univers ? Est-il l'être et la pensée par excellence, c'est-à-dire le seul être et la seule pensée qui soient réels ? Pour le fidèle point de confusion, Dieu est l'être et la pensée par excellence, mais il n'est pas la pensée et tout ce qui est, encore moins la pensée de l'univers. Il n'est pas un être comparable à l'homme, ou habitant et gouvernant le monde comme dans l'homme l'âme habite le corps. Mais il est évident que, pour M. de Schelling, Dieu est cela. Il est le tout. Il est à la fois la puissance et l'existence ; il est l'absolu sous deux formes : l'une la puissance (Dieu proprement dit), l'autre l'existence (le monde). Or, non seulement cela n'est pas clair, mais cela est condamné par la religion comme par la philosophie : c'est de la théosophie et de la mythologie confondues avec la foi et la métaphysique.

Ce qu'il faut honorer dans ces hautes méditations, c'est le désir de concilier la foi et la raison, c'est le respect professé partout pour les textes de la révélation. C'est là, je l'ai dit, ce qu'il y a de neuf et d'important dans la vie d'un philosophe arrivé au dernier stade de sa carrière, et devenu assez courageux, après avoir parcouru tout le domaine de la spéculation, pour en amener toutes les pensées aux pieds de la révélation. En effet, la conversion est entière, et, nous l'avons dit, M. de Schelling, après avoir *expliqué* la révélation en ce qui concerne Dieu et la création, ainsi que l'incarnation et la Trinité, en tant qu'elles s'y rattachent, *explique* aussi les enseignements de la révélation sur le bien et le mal. Mais dans cette théorie encore, ce sont la kabbale et la mythologie grecque qui fournissent les principaux éléments, conjointement avec la Genèse. Cette théorie est étrange. Celle de la rédemption, qu'elle amène, est plus étrange encore, quoique le christianisme y domine un peu plus.

CHAPITRE XXIV.

Le mal et la chute.

L'homme, la plus belle part de la création divine, et qui portait en lui des puissances, des

losophie doit se mettre entre les mains de la révélation.) A partir de ce point la philosophie n'est plus que l'exégèse, l'explication de ce qui est. Or, le fait a droit au respect. Avec la naissance de l'esprit (est-ce l'esprit de Dieu qui parle dans les saints livres ? non, c'est l'esprit en général, l'esprit de Dieu, l'esprit de l'homme, l'esprit de l'univers, ce qui suit le prouve) a commencé le règne de l'histoire, comme avec la naissance de la lumière a commencé celui de la nature. Adam Kadmon (mot emprunté à la kabbale du judaïsme) ou l'homme terrestre, qui devait être le lien du monde absolu à l'instar de Dieu, son image primitive, a pu faire usage de la faculté ou de la puissance qui était en lui de faire le contraire de sa destinée ; il a pu concevoir l'ambition de se poser lui-même comme Dieu. Ce qui était possible, il le fit. Il voulut créer comme Dieu avait créé, de même qu'il voulut avoir la science de Dieu. (J'ignore sur quel texte sacré on appuie la première de ces assertions ; chacun reconnaît celui qui sert de prétexte à la seconde. Je dis de *prétexte*, car le fait que l'homme désira manger de l'arbre de la science afin de devenir semblable à Dieu, ne prouve pas que l'homme ait ambitionné dès lors ce qu'il ambitionne aujourd'hui, la science de Dieu.)

Quoi qu'il en soit, la chute de l'homme est considérée dans cette doctrine comme un fait important. L'effet en fut aussi sensible pour le monde que pour l'humanité. Il était dans le pouvoir de l'homme de maintenir le monde en Dieu. En se mettant à la place de Dieu, il *posa* le monde pour lui, mais hors de Dieu. Le *monde* fut désormais hors de Dieu. Quel est ce monde? Est-ce l'*humanité* qu'on entend par ce terme de Menschenwelt, mot à mot monde des hommes? Si ce n'est pas ce monde-là, comment la chute de l'homme a-t-elle séparé le monde de Dieu? Et cependant il y a doute. En effet, le monde matériel lui-même est aussi détaché de Dieu ; ce n'est pas un monde pur et divin ; sans cela il ne serait pas nécessaire que l'homme s'en détachât ; au contraire, ce détachement serait une folie.

Sont-ce donc l'humanité et l'univers identifiés qui sont en dehors de Dieu? Je le crois d'après ce qui suit, c'est-à-dire « qu'en dehors de Dieu primitif ou Dieu le père, le monde agit comme être à part, comme *univers animé* ou *âme du monde.* » C'est ainsi qu'agissent dans les opinions gnostiques la divine *Sophia* (l'âme du monde) et les génies placés sous son influence. On ne saurait comprendre, en effet, ces idées, sans avoir recours à celles du gnosticisme.

Dans ces dernières, le personnage qu'on appelle la Sophia céleste ou l'âme du monde est en quelque sorte la sœur de Jésus, et très souvent elle est confondue avec lui. Ce monde, qui est en dehors de Dieu, se compose donc de l'homme, de la création sensible et de l'âme du monde, qui agit en elle. La seconde puissance, le Fils de Dieu et le *fils de l'homme*, qui s'est détaché du père et qui est séparé aussi de l'esprit, auquel il ne doit se réunir qu'au baptême, fait-il partie de ce monde, en est-il le maître ou le gouverneur? Oui, Dieu le père le lui a livré, afin qu'il en fût le conducteur, et qu'un jour il en devînt le rédempteur. Cependant, placé entre Dieu et le monde, le monde qui est mauvais dans ses tendances, et Dieu qui en est mécontent, il n'en est pas le seul maître. La preuve est dans le fait qu'il en refuse le gouvernement lorsque celui qui en est le maître, le tentateur, le lui offre.

En effet, ce que nous avons dit des suites de la chute, n'est pas tout. La distinction du bien et du mal est entrée dans le monde avec cette chute, et le génie du mal, Satan, occupe une grande place dans le monde. Celui qui n'était d'abord que l'excitateur à la liberté et à l'indépendance de l'homme, est devenu ce maître dont il vient d'être question. Qu'est-ce que Satan dans cette *philosophie* de la révélation?

CHAPITRE XXV.

La pneumatologie, ou les anges et les démons.

J'ai exprimé ailleurs, dans un ouvrage consacré à l'étude d'un système célèbre, le gnosticisme, les regrets que doit inspirer au philosophe la décadence dans le monde moderne de la *pneumatologie* philosophique, de la doctrine des intelligences, des esprits, anges ou démons, doctrine complétement bannie de nos livres de philosophie depuis près d'un siècle. De cette décadence, M. de Schelling paraît s'être affligé comme moi, et le premier parmi les philosophes modernes, il fait entrer l'angélologie et la démonologie dans ses leçons. On peut applaudir à l'innovation sans approuver l'enseignement. L'innovation me paraît heureuse, en ce qu'elle rend à la méditation commune un élément dont elle était privée, et dont l'absence affaiblissait les études de phychologie et de théodicée, les plus importantes de toutes assurément. Je ne dirai pas que la doctrine de M. de Schelling soit bonne et complète. Il s'en faut. C'est le début d'un siècle qui n'est pas très croyant en pneumatologie; mais c'est un début qui embrasse les données fournies par toutes les autorités, les textes sacrés et profanes, la mythologie et la révélation, la philosophie et les arts. C'est même un début trop ambitieux.

En effet, au lieu de se contenir dans de sages limites, d'y aller pas à pas et de s'attacher aux textes avec un esprit de critique raisonnable, M. de Schelling se confie d'une manière téméraire à l'art d'exploiter, au profit de ses théories, une érudition plus vaste que précise. Mais il ramène les esprits aux études religieuses avec une grande autorité, en répandant sur ces matières toutes les séductions de son génie poétique. Il est sobre dans sa théorie des anges, ces êtres dont, à l'origine, il concevait mal les attributs fournis par les textes sacrés. Une méditation plus religieuse lui en fit mieux saisir le caractère, quoiqu'il erre encore. Les anges, dit-il, puissances supérieures et messagers divins, avaient jusqu'à l'apparition du Christ la tâche de servir de médiateurs entre Dieu et l'homme. A cet avénement, ils se rangèrent sous l'autorité du Fils de Dieu. Un ange est donné à chaque nation, à chaque âme, même à celles qui s'égarent, et qui ont besoin qu'un esprit spécial les suive et les ramène. Mais, bien entendu, les anges n'étaient dans l'origine que des *puissances*, comme disent les textes sacrés ; ce n'étaient pas des *personnes*. C'est pour cela qu'ils demeuraient, qu'ils étaient retenus au ciel, sauf la mission et par conséquent la faculté de suivre sur la terre ceux à la destinée desquels ils étaient attachés. Toutefois c'est en raison seulement de la chute de ces derniers, et du besoin qu'ils avaient de leur secours, qu'ils remplissaient ces missions. A l'état d'innocence, rien de semblable n'a lieu. C'est pour cela que Jésus-Christ dit des enfants : « Que leurs anges (n'ayant pas besoin de quitter le ciel pour suivre leurs protégés) voient sans cesse la face de Dieu. » Ce ne fut qu'au moment de la crise, au temps du Sauveur, que les bons anges passèrent de l'état de puissances (*potentiæ, possibilités*) à l'état de personnes (*de réalités*). On en voit la *preuve* dans ces paroles du Seigneur : « Désormais, vous verrez les cieux ouverts et les anges de Dieu monter et descendre sur le

Fils de Dieu ; » c'est-à-dire la communication interrompue jusqu'ici entre le ciel et la terre est désormais rétablie. Alors les mauvais anges, qui étaient jusque-là dans l'état d'activité, repassèrent vaincus à l'état de *puissances*, « retenues dans les fers jusqu'au jugement du grand jour, » comme dit le texte sacré.

Telle est, en résumé, la pensée du philosophe sur les bons anges. Il faut le dire, c'est généralement celle de la révélation. Il n'en est pas de même de celle qu'il a des mauvais génies, pour laquelle il consulte d'autres sources. Aussi est-il plus explicite et plus abondant sur les démons et leur chef Satan. En effet, il écoute les textes de Philon et les fictions de Valentin plus que les écrivains sacrés. Il appelle Satan « une puissance première, » ce qui n'est pas intelligible, car il dit ailleurs que cet ange n'a dû son existence qu'à la volonté (mauvaise) de l'homme, que sans la création Satan ne serait rien. Cela se comprend toutefois quand on veut bien *entendre* sa définition des anges. Ce sont des *potentiæ*, des possibilités qui deviennent des réalités par suite de la création et qui s'emparent de l'homme à la suite de la chute. M. de Schelling appelle ensuite Satan « une puissance matérielle et indomptée, » ce qui est gnostique, « une puissance titantique, » ce qui tient à la mythologie. Il tombe dans le judaïsme lorsqu'à Satan et à ses démons il assigne leur empire, leurs provinces, leurs sujets, comme il en assignait à Jésus-Christ et à ses anges. Il s'égare enfin jusque dans les hérésies les plus étranges, jusque dans celles des Bogomiles et des autres débris des gnostiques, qui faisaient de Satan le frère aîné, mais tombé, de Jésus-Christ, lorsqu'il l'élève au rang d'un adversaire d'égale origine à celle du Sauveur et le déclare *antérieur à toute créature* quant au germe de son existence. Il reproche par conséquent aux poëtes Milton et Klopstock d'en avoir fait une simple créature, un ange tombé. « Un ange n'eût pas été à même d'arriver au gouvernement du monde. Les textes sacrés ne le nommeraient pas le *prince du monde*. Il n'eût pas été digne de traiter avec le Fils de Dieu de puissance à puissance. Son origine était plus haute que celle des anges, et les Bogomiles avaient raison de l'appeler le *frère* aîné de Jésus-Christ! » Cela est plus qu'étrange, et en voyant un esprit aussi riche de bonnes choses en recueillir d'aussi bizarres dans le seul but de tout expliquer, même ce qui ne saurait l'être, on ne peut qu'éprouver une surprise mêlée de douleur. M. de Schelling évidemment apprécie comme nous, comme tout le monde, ces essais de théogonie et de démonogonie, qui ne sont pas de notre siècle. Mais pourquoi livrer une intelligence aussi belle à un ordre de méditations où elle ne peut que payer un tribut éclatant à la commune faiblesse de la raison humaine?

Au surplus, ce n'est pas là une doctrine ; ce n'en est pas même une ébauche, j'allais dire que c'est un poëme. Dans tous les cas, c'est à peine si le philosophe en a donné quelques traits un peu précis dans quelques leçons spéciales sur le grand problème que le principe du mal offrira toujours à la raison du philosophe et à la foi du chrétien. Dans l'état où M. de Schelling a laissé cette question, il est certain que les textes de la révélation, si rares et si difficiles qu'ils soient, donnent encore les notions, je ne dis pas les solutions, les plus acceptables sur l'insoluble problème.

Il en est de même de la théorie de l'intervention divine dans la lutte du bien et du mal établie au sein de l'humanité, ou de la théorie de la rédemption.

CHAPITRE XXVI.

La rédemption ou la palingénésie.

M. de Schelling part d'un principe très pur lorsqu'il affirme que le grand objet de la révélation est le salut de l'humanité, la personne de Jésus-Christ. Cela est conforme aux textes sacrés. Tout y prépare à l'avénement de Jésus-Christ. Mais M. de Schelling s'éloigne bientôt de son guide divin, tout en recourant d'habitude à ses paroles. Le monde, dit-il, a été fait pour Jésus-Christ. Dieu a prévu que le monde se détacherait de lui; il devait même s'en détacher, afin d'être libre. Il a engendré le Fils pour que le monde pût s'attacher au Fils, qui lui-même s'était aussi détaché de Dieu ! « A ce point, Dieu a aimé le monde, dit l'Évangile, qu'il lui a donné son Fils unique. »

D'ailleurs, cet amour ne fut pas aveugle. Dieu savait bien que son Fils lui ramènerait le monde. Et, en effet, détaché de Dieu comme l'homme s'en était détaché, le Fils pouvait, ou se poser indépendant du Père comme maître du monde, ou se soumettre volontairement à lui. Mais il était, malgré son détachement de Dieu et son état d'humiliation, trop semblable à son Père pour ne pas lui sacrifier sa volonté. C'est là ce qu'il fit. Il refusa cet empire complet du monde, ce gouvernement indépendant de Dieu que lui offrait le tentateur, à qui la chute de l'homme avait livré un pouvoir immense, et, loin d'achever la scission, il se fit médiateur entre Dieu et l'homme. Il expulsa même de son règne « le prince de ce monde. » Cela veut dire qu'il est chassé de l'intérieur de l'âme, que sa tâche était d'aveugler et de corrompre depuis que le péché du premier homme lui en avait offert le gouvernement.

Le prince de ce monde en était-il le maître absolu ? Que s'était-il passé dans l'intervalle de la création à l'incarnation ? L'humanité était-elle entièrement privée de l'action divine ? « Les facultés de l'homme, plus disséminées et plus en rapport avec la nature, agissaient instinctivement dans le sens des *puissances de la nature*, et lisaient, pour ainsi dire, dans leur secret. C'est là ce qui explique l'inspiration et la divination que l'on trouve dans le prophétisme, dans les oracles et dans les traditions de la mythologie. C'est là aussi ce qui explique ce génie des arts que possédaient si bien les anciens, et ce qui montre sous un point de vue nouveau le symbolisme des mystères. Dans les derniers temps, la doctrine de ces mystères s'enveloppait à peine de quelques voiles encore, la révélation chrétienne se faisant jour de toutes parts, en vertu de cette loi de développement et de progrès qui est la loi de tous. » J'ai dû signaler ce point de vue qui a son importance dans la doctrine de M. de Schelling, et qui explique l'étude spéciale qu'il a faite constamment de la mythologie.

Maintenant j'ajoute que, d'après ce qui s'était passé, l'humanité avait donc conservé d'un côté ses facultés faites à l'image de Dieu et la salutaire influence des anges qui veillaient sur sa destinée. Or, dans ces deux sources de salut il y avait bien pour elle des moyens suffisants de se préserver d'une ruine complète ; mais il n'y en avait pas pour ressaisir la primitive union avec Dieu et rentrer dans son sein. Toutefois lorsque de lutte en lutte l'humanité se fut mise en état de renaître et de s'associer à la grande destinée réservée au Sauveur (celle de ramener au Père ce qui était émané du Père) alors ce Sauveur, ce *second Adam*, assembla les *puissances disséminées* (idée gnostique), rendit à leur primitive harmonie la *conscience (la pensée) du monde et la sienne*, celle de l'identité. « Il redevint ainsi la véritable image ou le Fils de Dieu, et rétablit dans l'unité primitive et divine *tout ce qui est*. L'infini (Dieu) rentra dans le fini (le monde) et le Fils rentra lui-même dans la gloire qu'il avait eue auprès de Dieu avant la création du monde. On comprend que Dieu devenu homme (le Christ) fut nécessairement la fin des dieux du paganisme. »

Toujours érudit, expliquant la révélation par la mythologie et la mythologie par la révélation, M. de Schelling ne néglige jamais ces sortes de rapprochements fort aimés et trop admirés dans son pays. « Cependant, dit-il, quoique l'unité soit rétablie en principe, l'homme ne peut être sauvé encore qu'autant qu'il se soumet à son tour, *par la mort de l'égoïsme et en participant au sacrifice du Christ*, à sa soumission, à son abnégation, à sa mort personnelle. Il lui faut pour cela le secours de l'excitateur divin, le Saint-Esprit. Lui seul peut faire cesser la division entre la volonté divine et la pensée humaine, division qui a éclaté dès l'origine et qui a motivé la chute de l'homme, l'homme ayant écouté un autre excitateur, celui de la puissance matérielle, Satan. Le Saint-Esprit n'a pu venir sur les hommes que par le Fils qui a rendu le monde à Dieu, et n'a pu se réunir au Fils qu'après que celui-ci fut revenu et se fut soumis à Dieu pour lui soumettre le monde. »

CHAPITRE XXVII.

Le Christianisme et la Mythologie.

On voit que tout cela rentre plus ou moins dans le sens des textes sacrés. Il en est de même de ce que M. de Schelling ajoute sur le Christ devenu le type de l'humanité par sa résurrection et son ascension comme par sa mort. Mais dans tout cela le philosophe *explique* l'Évangile et les textes apostoliques comme il entend, moyennant les traditions religieuses de tous les peuples et la philosophie de tous les âges. Il serait inutile pour notre but d'entrer dans les détails de ces spéculations mythologiques, qui ne sont pas du goût de notre nation. Chacun juge par l'esquisse que nous venons de présenter en quel sens M. de Schelling redevient un « simple fidèle » et jusqu'à quel point la philosophie qu'il enseigne est réellement celle de la révélation. Chacun voit de quelle importance sont dans ce système les travaux du philosophe sur le symbolisme et les religions de l'antiquité. Non seulement ils tiennent à ses spéculations métaphysiques d'une manière indissoluble, mais ils constituent le véritable caractère des curieuses publications qu'on attend encore de l'illustre écrivain. Je l'ai déjà dit, M. de Schelling aime la philosophie de la mythologie, qu'il enseigne dans un cours spécial, à l'instar de la philosophie de la religion. Il y poursuit les mêmes tendances et y montre le développement des mêmes idées. Il trouve ses trois puissances, sa Trinité, dans les trois Dionysos des mystères de Samothrace (Zagreus, Hadès et Iachos). L'un est le dieu du passé, l'autre celui du présent, le troisième celui de l'avenir. Il les retrouve ailleurs, dans les mystères d'Eleusis, dans d'autres, car il n'est pas de source qu'il dédaigne de consulter. Il juge sévèrement la manière dont quelques philosophes de l'antiquité entendaient la mythologie, et il estime qu'ils ont faussé le sens des faits en les prenant pour des allégories et en cherchant à spiritualiser l'ancien paganisme. Les nouveaux platoniciens ne sont donc pas ses guides, et il critique ceux de ses compatriotes qui en appliquent les principes à l'étude de la mythologie grecque ou romaine. Cependant il se rencontre quelquefois lui-même avec Plotin et M. Creuzer.

Il se rencontre davantage avec Valentin et les gnostiques. S'il entrait dans la lice aujourd'hui seulement, cela n'aurait rien d'étrange. Le gnosticisme est connu de tout le monde, du moins de tous ceux qui veulent le connaître. Mais à l'époque où M. de Schelling développa les premières pensées de sa philosophie de la nature, les théories des gnostiques n'occupaient plus guère les esprits, même en Allemagne. Il est vrai qu'il y a moins de traces de ces théories dans l'ancien enseignement du philosophe que dans celui qu'il professe aujourd'hui, et que les travaux les plus importants sur les gnostiques ont précédé de plusieurs années la philosophie de la révélation et celle de la mythologie. Or, M. de Schelling suit avec attention tous les progrès et tous les travaux de ses contemporains. Toutefois, s'il a subi l'influence de quelques ouvrages modernes, il a sûrement aussi pris le gnoticisme à sa source. Il s'est en effet pénétré de son esprit, il s'en est laissé envahir beaucoup plus qu'il ne fallait. Il a du moins ceci de commun avec les gnostiques, qu'il rattache aux textes sacrés des théories qui font évidemment violence à ces textes, et les prennent dans un sens fort différent de celui qu'ils présentent naturellement.

Cependant le jugement général de M. de Schelling sur la révélation est invariable. Elle est supérieure à la raison, à tout ce qu'elle enseigne sous quelque forme que ce soit. « Les mythologies, dit-il, dans un style cette fois peu régulier, sont ces *temps* d'ignorance dont parle l'apôtre, et que Dieu a *permis*, mais qu'il n'a pas *voulus*. Ils ne purent manifester sa loi, sa volonté divine. Celle-ci, la révélation seule a pu la faire connaître. La science obscure et vague du polythéisme n'a été qu'une préparation, qu'une introduction à la religion révélée. Ce qui choque dans le christianisme, c'est de voir la science divine et infinie sous la forme humaine et finie. Mais c'est précisément là ce qu'il faut le plus admirer ; c'est la plus grande chose sous une petite forme. »

CHAPITRE XXVIII.

L'Église.

Le christianisme est éternel. Sa révélation ne s'est accomplie que par Jésus-Christ et le Saint-Esprit ; mais elle a commencé avec l'origine du monde. Ses premiers pas ont été faibles, sa lumière vacillante, son action incertaine, mais progressive et méthodique, et son temps venu, il a fait son apparition décisive. Depuis cette époque, la plus grande dans les annales du développement humain, et dès son origine, le christianisme a reçu des formes diverses ; on peut demander quelle en est la plus pure. M. de Schelling, avec la liberté d'esprit qu'il doit à Dieu, et la liberté de parole qu'il doit à la parfaite tolérance de son pays, mais aussi avec la haute circonspection qui est dans son esprit, répond par une tolérante distinction. « Il n'y a pas de forme exclusive, par la raison qu'il n'y en a pas de parfaite. Il y a des formes diverses pour la diversité des temps et des tendances générales. »

« Le catholicisme est l'Église de saint Pierre. Comme cet apôtre, elle demeure un peu engagée dans l'esprit cérémonial du judaïsme. Le protestantisme est l'Église de saint Paul. Comme cet apôtre, elle est affranchie de l'esprit *judaïsant* et attachée au spiritualisme *hellénisant*. Ces deux formes ne sont ni absolument bonnes, ni absolument mauvaises. Elles répondent à l'esprit qui les a enfantées; mais il en est une autre que préfère le philosophe. En effet, d'après Fichte, l'inventeur de ces Églises apostoliques, S. Jean est le type d'une troisième communion, qui se rattachera sans doute, comme le voulait Fichte et comme le veut M. de Schelling, à ce christianisme primitif qui est exposé dans l'évangile de saint Jean. Cette opinion n'est pas spéciale aux deux philosophes; d'autres penseurs de l'Allemagne ont professé pour les pages de saint Jean des prédilections semblables, et l'on comprend tout ce qu'un évangile qui débute d'une manière aussi sublime, et demeure constamment dans la région la plus élevée, peut inspirer d'enthousiasme aux interprètes des textes sacrés. Cependant l'Église de saint Jean ne sera pas encore la perfection. Cela se conçoit de reste; car la perfection n'est pas de ce monde, et toute Église est une forme de ce monde. Toutefois, un jour l'Église de saint Pierre, à *l'aspect du*

Seigneur, fondra en larmes comme saint Pierre, et se repentira de son erreur comme fit son chef. Un jour il y aura une Église qui sera commune aux trois apôtres, saint Pierre, saint Paul et saint Jean. Ce sera là le *panthéon* du christianisme, c'est-à-dire qu'il recevra tous les chrétiens. Cela se fera, sans doute, *après que la philosophie et toutes les sciences qu'elle conduit à la perfection seront rentrées par une nouvelle mythologie dans le sein de la poésie, d'où elles sont sorties, et où elles retourneront comme autant de fleuves émanés d'un océan commun* (voir ci-dessus page 117). Dans tous les cas, c'est en Allemagne que se décideront les destinées de l'Église, parce que les Allemands sont la nation la plus universelle. Le protestantisme n'est qu'une forme transitoire. Le catholicisme a la *chose*, mais il n'en a pas l'*intelligence*. L'avenir n'est ni à l'une ni à l'autre de ces deux formes. Il est à l'Église de saint Jean. L'Église grecque est un peu négligée par le philosophe, même comme forme transitoire.

M. de Schelling, on le voit, s'occupe avec

prédilection de la forme que le christianisme présentera lorsqu'il en reviendra aux écrits de saint Jean, et particulièrement à son Évangile. Nous ne sommes pas en France assez versés dans la question du *christianisme primitif*, de l'*Évangile primitif*, ou de *la forme primitive* qui fut donnée par la première génération des fidèles aux récits de la vie de leur maître, pour que ce débat ait de l'écho parmi nous. Il n'appartient pas d'ailleurs à la philosophie, et je n'ai pas à en rendre compte. Il n'a d'importance ici que sous un seul point de vue. Il montre que le premier philosophe de l'Allemagne, celui que l'on proclame le plus grand métaphysicien du siècle, n'a rien trouvé de plus sublime sur la fin d'une carrière pleine d'éclat, que d'entrer dans l'étude des textes sacrés de manière à pouvoir saisir et discuter toutes les questions qu'ils présentent. En effet, M. de Schelling sait la philologie sacrée comme la mythologie profane, et paraît aujourd'hui préférer ces études à toutes les autres.

C'est sous ce point de vue que la philosophie de la révélation est un curieux phénomène du temps, et c'est pour cette raison que j'ai voulu l'esquisser ici. Elle offre, sans nul doute, la confirmation la plus imposante du grand fait qu'avait proclamé le système de Kant, celui que la raison ne sait rien de ce qui est au-dessus de son horizon naturel. Cet horizon est ce qu'on appelle le *domaine de l'observation*. Le créateur de la philosophie naturelle, en venant abdiquer à son tour toute prétention de rien connaître au-delà, en mettant toute la philosophie aux pieds de la révélation, en bornant tout le rôle de la reine des sciences à expliquer le sens des textes sacrés, fait en faveur du christianisme une profession de foi plus complète que son célèbre prédécesseur, et plus significative dans sa bouche que ne le fut celle d'aucun autre philosophe depuis l'origine de l'ère chrétienne. Nul jusque-là n'avait soumis la nature à une étude plus précise, nul n'avait mieux sondé le cycle complet de la science, et nul ne l'a mise au service de la religion d'une manière plus brillante.

Son système y a-t-il gagné ? Que vaut-il ?

CHAPITRE XXIX.

Appréciation de la doctrine de Schelling.

Si tolérante que soit l'Allemagne (et certes sa tolérance est grande, car, telle qu'elle est, cette doctrine n'aurait pu se produire dans aucun autre pays du monde), elle a cependant critiqué vivement les théories du plus illustre de ses philosophes. On composerait une bibliothèque de ses ouvrages *contre* Schelling, si l'on y joignait ceux qui ont parlé *pour* et *sur* lui. C'est surtout la dernière partie, la partie religieuse de son enseignement, peu développée dans les premiers temps, que l'on a critiquée et que l'on critique chaque jour encore avec une grande vivacité. Je l'ai déjà dit, les adversaires de M. de Schelling blâment même ce qu'ils auraient dû louer en lui, ses métamorphoses et ses retours, c'est-à-dire ses progrès. Ils lui reprochent jusqu'à cinq phases diverses dans la carrière de ses méditations. En religion et en politique ces changements sont fâcheux. Il n'en est pas de même en philosophie. En philosophie les métamorphoses sont d'ordinaire autant de titres au respect, quelquefois à l'admiration. Et il est peu de penseurs sérieux qui n'en aient eu que cinq. C'est la gloire de M. de Schelling et la preuve de sa supériorité, de sa méditation progressive, d'avoir marché sans cesse, d'avoir tout écouté, tout suivi, tout examiné depuis cinquante ans, et d'avoir encore plus appris qu'il n'a enseigné, si étendue que soit l'influence qu'il a exercée sur ses contemporains. Pour moi, ce n'est pas là l'objet de la moindre critique, et dans l'appréciation que j'ai à faire de la doctrine de M. de Schelling, je prends un tout autre point de vue. J'en considère toutes les phases comme autant de progrès, en faisant des vœux pour une métamorphose de plus. Cela m'est aisé. J'ai à remplir une tâche plus difficile. C'est d'enlever un instant M. de Schelling à son sol natal, à l'érudition et à la terminologie de son pays, non certes pour l'apprécier d'après le langage et la science du mien, ce qui ne serait pas juste, mais d'après les règles de critique applicables à toute espèce de philosophie. Dans cette appréciation, jointe à une simple esquisse, je soumettrai d'ailleurs mes doutes et mes objections à M. de Schelling lui-même. Mieux que personne, il sait qu'il manque à sa doctrine des compléments et des explications de tout genre, qu'il n'a pas dit le dernier mot de la philosophie; et, plus que personne, il est reconnaissant envers ceux qui provoquent sa méditation d'une manière bienveillante et sérieuse.

Pour nous, la philosophie est essentiellement l'étude des facultés de l'âme, celle des lois qui président à leur jeu, celle des règles qui gouvernent nos actions, celle des destinées que l'observation de ces règles nous assure dans le présent et nous prépare dans l'avenir. Lors donc que nous en venons à juger une philosophie, nous demandons avant tout ce qu'elle enseigne de pur ou de nouveau sur l'homme et la société, sur Dieu et le monde, c'est-à-dire si sa logique, sa morale et sa politique sont assises sur une bonne anthropologie; si elles sont soutenues par une théodicée ferme et positive. Quelque brillantes que fussent des spéculations de métaphysique et d'ontologie, de cosmologie et de théologie qui n'amèneraient pas une doctrine bien claire, bien positive et bien pratique sur les rapports de l'homme à l'homme, sur l'État et l'auteur suprême de tout ce qui est, nos sympathies s'en éloigneraient et nous déplorerions à la fois le temps qu'on nous aurait fait perdre et celui qu'on aurait perdu pour nous. La philosophie à nos yeux est une lumière; elle n'est ni un nuage ni un brouillard. Elle est une doctrine; elle n'est pas une méthode pour arriver à une doctrine. Elle n'est ni le doute ni l'examen. Si elle n'est pas la science absolue et parfaite, elle est du moins la science telle que la conçoit une raison saine, éclairée de tout le jour que permet l'époque où nous sommes.

Sous ce point de vue fondamental on va peut-être juger sévèrement la doctrine de M. de Schelling parmi nous. On l'a jugée sévèrement même en Allemagne. On a dit que ce n'était pas de la philosophie, que c'était de la poésie, de la mythologie et du mysticisme. C'est partout le privilége des hommes éminents d'être jugés avec rigueur. Qu'y a-t-il de vrai dans ces critiques?

CHAPITRE XXX.

De la poésie, de la mythologie et du mysticisme de la doctrine de Schelling.

Il ne faut pas le nier, il y a beaucoup de poésie dans la doctrine de M. de Schelling ; il y en a beaucoup dans son langage ; elle abonde dans son génie ; elle en fait le fond. Si le célèbre philosophe n'est pas poëte en vers, il l'est en prose. Il l'est dans tous ses écrits. Il l'est dans sa pensée comme dans sa phrase, et jamais il n'a caché ni sa prédilection pour les beaux-arts, ni sa conviction, que la philosophie est émanée du sein de la poésie et doit y rentrer un jour.

Il n'est donc pas étonnant qu'une teinte poétique soit répandue sur toute sa doctrine, et qu'il ait tranché quelquefois le nœud gordien d'un problème de métaphysique par une licence de poëte. Mais réduire sa doctrine à une sorte de poëme, comme il a lui-même réduit à un poëme toute la nature, ce serait tomber précisément dans une de ces exagérations qu'on lui reproche à si juste titre. Il est certain, au contraire, que sa méditation est éminemment philosophique, que sa pensée est également empreinte de profondeur, de précision et de fécondité ; qu'on ne saurait lire une seule de ses pages sans y reconnaître le cachet du philosophe, et que dans tout ce qu'il a écrit sur la religion, la poésie et les arts, c'est toujours la philosophie qui domine.

Il ne faut pas nier non plus l'élément mythologique qui perce dans sa doctrine. M. de Schelling vit dans la mythologie depuis qu'il pense ; il s'en est toujours occupé avec des sympathies profondes et avec un esprit d'investigation d'une merveilleuse sagacité. J'en dirai autant du mysticisme. M. de Schelling aime les spéculations des gnostiques et celles de Jacques Boehme à ce point que son pieux adversaire Jacobi aurait pu passer auprès de lui pour un véritable *rationaliste*. Cela est incontestable. Mais ce qui l'est aussi, c'est que M. de Schelling n'est ni un gnostique ni un mystique, et que dans sa doctrine il y a autre chose que Basilide et Jacques Boehme. Quand on est de bonne foi, on accorde cela ; mais on dit que s'il y a de la métaphysique dans les écrits du célèbre penseur, elle y est subtile, elle est accrochée aux nuées d'où Socrate déjà fit descendre la philosophie de son temps ; que si Kant et Fichte ont eu le tort de l'élever de nouveau dans des régions à peu près inaccessibles, M. de Schelling n'a fait que renchérir sur ses prédécesseurs ; qu'il s'est attaché encore plus aux questions insolubles d'une ontologie surannée, et qu'il les a traitées dans un langage encore plus obscur ; qu'au fond tout ce qu'il y a de philosophique dans ses travaux se rapporte exclusivement au stérile problème de la subjectivité et de l'objectivité, et au principe plus stérile encore de l'identité du moi et du non-moi. Qu'y a-t-il de fondé dans ces critiques ?

CHAPITRE XXXI.
De la métaphysique de Schelling. Est-elle un rationalisme stérile?

Ce dont Kant a débarrassé la philosophie allemande, M. de Schelling y retombe, dit-on. Il veut tout voir dans un Absolu surhumain qui est hors de portée. Sa métaphysique, c'est l'idéalisme de Fichte. Encore est-il mal entendu. Car ce qui peut être connu même, il le cherche dans ce qui ne peut pas l'être ; et ce qui *est*, il l'explique par ce qui est au dessus de l'*Être*. Puis il n'explique rien. Par exemple, il lui est aisé de dire : « Tout est dans la raison absolue ! » Mais nulle part il ne montre où est la raison absolue qui doit tout expliquer? Or comment l'interrogerez-vous, et que vous expliquera-t-elle tant que vous ne savez pas même où trouver cette sublime pythonisse, que vous chercherez vainement toute votre vie, devant laquelle vous vous évanouiriez, comme Saül devant celle d'Endor, quand même vous l'auriez découverte? Car comment, vous le fini, tiendriez vous devant l'infini? La raison absolue ne pourrait pas vous reconforter par un repas un peu solide, comme la pythonisse fit à l'égard de Saül.

Cela est très vrai, il y a beaucoup de métaphysique dans les écrits de M. de Schelling. Il y en a trop. Il n'y a pas assez de psychologie, peu de logique, peu de morale et presque pas de politique. Dans un temps comme le nôtre, et de la part d'un homme qui a tant étudié les textes les plus précieux de l'antiquité, même les textes sacrés, ce sont là des lacunes immenses, regrettables à jamais. Il ne faut pas vouloir l'ignorer, les philosophes ne vivent point par la métaphysique; ils ne vivent que par une de ces trois choses, la philosophie religieuse, l'anthropologie, la morale politique. Voyons d'abord si M. de Schelling vivra par la philosophie religieuse. Sa philosophie est le panthéisme, dit-on. Ce jugement est-il fondé?

CHAPITRE XXXII.

La philosophie religieuse de Schelling est-elle le panthéisme?

Ce qu'on a reproché de plus grave à la doctrine de M. de Schelling, c'est ceci : D'abord ne distinguant pas Dieu de ce qui n'est pas Dieu, elle identifie Dieu et le Tout. C'est le panthéisme sous une forme nouvelle, mais c'est évidemment ce vieux système. Or, ce n'est pas là ce qu'il faut, et on doit déplorer cette résurrection d'une philosophie professée dans d'obscurs écrits, et qui n'a jamais eu plus de partisans sérieux que son antithèse, l'athéisme. On ajoute qu'en quittant en philosophie la voie des déductions logiques, en théologie, la méthode de l'interprétation critique des textes sacrés, M. de Schelling change la science en une sorte de mysticisme mythologique, poétique et artistique également inacceptable au penseur et au chrétien; au premier, à cause de ses formes toutes poétiques; au second, à cause du tissu d'hérésies qu'il y déroule. En effet, dit-on, c'est avec une surprise étrange qu'on y voit le philosophe arrivé aux dernières conclusions, faire jaillir du sein d'un panthéisme longuement construit, les dogmes les plus fondamentaux du chistianisme, la chute, la rédemption et la sanctification par le Saint-Esprit, dogmes évangéliques sans doute, mais tout altérés ici par le plus singulier mélange qu'on ait jamais vu de gnosticisme, de mysticisme et de métaphysique. Ce sont surtout les théologiens qui s'élèvent contre la doctrine de M. de Schelling. Pendant longtemps les théologiens d'Allemagne accusèrent les philosophes de vouloir les attirer dans le rationalisme, c'est-à-dire les anéantir comme savants; car, pour les théologiens, c'est abdiquer que de passer de la révélation à la raison. Ces plaintes étaient fondées. Dans un pays où ce sont les philosophes qui forment les théologiens, l'alliance de la philosophie avec les études religieuses est intime, et, dans cette alliance comme dans toute autre, c'est la moitié la plus audacieuse qui gouverne. Sur la fin du dernier siècle la philosophie régnait presque en autocrate, surtout dans les pays de la réforme, qu'elle avait jadis assistée dans son œuvre. Elle était plus humble ailleurs, où la religion reposait sur de fortes institutions sous la tutelle de puissantes autorités. Grâces à cette tutelle et à ces autorités sagement imitées par un monarque éclairé, la religion reprit son empire légitime dans les États du Nord, et les universités de Prusse, qui sont en possession de donner l'exemple, avaient enfin ramené la théologie dans ses vraies voies, l'étude pure et sainte des textes de la révélation. L'école de Hegel secondait ce mouvement, lorsque tout à coup l'école de Schelling apparut sur le principal théâtre de l'enseignement religieux et philosophique. Ce fut alors que tous les théologiens s'émurent. C'était, à les entendre, un panthéisme semi-mystique, semi-gnostique et semi-mythologique qui venait envahir la plus belle chaire de l'Allemagne et fausser la direction générale des études au moment même où les esprits échappés au rationalisme rentraient partout dans le sanctuaire de la révélation. Ce furent surtout quelques vieux chefs qui élevèrent la voix contre « l'école nouvelle assez téméraire pour annoncer une philosophie qui conduirait l'intelligence humaine au-delà de ses limites actuelles », promesse que depuis un demi-siècle on lui reproche de répéter sans cesse. Le doyen des professeurs de l'Allemagne, M. Paulus, s'écria dans un énorme pamphlet, « qu'il avait suivi le nouveau prophète de 1795 à 1805, promettant d'année en année des livres qui ne paraissent pas, annonçant tantôt des révélations complètes, tantôt des indications aussi sommaires que fastueuses, qu'il ne cesse de jeter dans le monde, et qui, supposant toujours l'essentiel très connu, ne répandent que nuages et ténèbres. » Un autre doyen, penseur éminent aussi, M. Marheinecke, ajoute dans une brochure bien petite mais bien pleine toute la puissance du calme et de la méditation à l'impétueuse violence du vieux chef des rationalistes d'Allemagne. Non seulement ce savant hégélien accuse M. de Schelling de vouloir perdre de nouveau la théologie en la jetant dans les voies du mysticisme ; mais il semble l'accuser encore de réduire la science de la religion au panthéisme et à l'anthropologie, à l'instar de M. Feuerbach.

Cela met les théologiens et les philosophes d'Allemagne dans une position entièrement nouvelle. Ce sont les philosophes qui sont mystiques, et les théologiens qui crient à la superstition, à l'obscurantisme de la philosophie. C'est là ce que les uns font contre M. de Schelling au nom de la saine étude des textes sacrés, les autres au nom du frivole rationalisme de Lessing. Sous d'autres formes et d'autres noms ce sont là nos débats ; ce sont les débats de tous les siècles de crises et de progrès. Ce qui nous y intéresse le moins, ce sont les griefs de mysticisme et d'obscurantisme articulés contre la philosophie. La nôtre jusqu'ici n'a couru aucun de ces périls, ni essuyé aucun de ces reproches. Elle est moins à l'abri du panthéisme. On l'a souvent accusée de pencher vers cette doctrine. C'est donc là qu'est pour nous la question capitale, et pour mettre mon lecteur à même de bien la juger, je vais d'abord tâcher de bien l'exposer. Qu'est-ce que le panthéisme?

CHAPITRE XXXIII.

Ce que c'est que le panthéisme.

Le panthéisme (mot composé de *pan*, tout, et de *theos*, Dieu) est une des trois grandes formes sous lesquelles se conçoit la théologie. Il n'y a qu'un Dieu, il y a plusieurs dieux, tout ce qui existe est dieu. Voilà les trois thèses possibles. Elles conduisent à ces trois systèmes : monothéisme, polythéisme, panthéisme. De ces trois systèmes le premier est à la fois le plus ancien et le plus moderne ; le second remonte également aux temps les plus reculés ; le troisième est le fruit de la spéculation, l'enfant de ce besoin d'unité qui tourmente les écoles, ou le produit d'un enthousiasme mystique qui éprouve le désir de s'anéantir dans le sein de l'être des êtres. Le premier, pendant longtemps, a eu peu de partisans ; la majeure partie du genre humain a professé le second ; le troisième n'a jamais eu et ne saurait avoir pour sectateurs que des métaphysiciens et des enthousiastes, deux classes de gens qui peuvent être nombreux, mais qui n'ont jamais été et ne seront jamais en majorité. On dit que le siècle actuel incline pour le panthéisme. C'est un propos qui n'a pas de sens. Quelques écrivains ou quelques docteurs ont parlé et parlent encore de panthéisme, mais il n'y a pas de panthéistes. Le panthéisme mérite cependant de nos jours une attention spéciale, car il y a des gens qui se disent et qui se croient ses partisans.

Le panthéisme, qui admet que tout ce qui existe n'est autre chose que Dieu lui-même, admet aussi que Dieu n'est pas autre chose que ce qui est. Il ne fait par conséquent aucune distinction entre Dieu et l'univers. Quand il dit l'*univers*, c'est *Dieu* qu'il veut dire; quand il dit *Dieu*, c'est l'*univers* qu'il entend. Cela ne pouvant pas être une grossière confusion, la nature des choses s'y opposant, c'est évidemment une synthèse systématique. En effet, le panthéisme est né, non pas dans la conscience, ou dans la raison du genre humain, mais dans le sein des écoles. On a dit, pour en expliquer l'origine et pour le présenter sous son point de vue le plus favorable, que c'était le polythéisme ramené au monothéisme. Mais si c'est du monothéisme, c'en est un fort singulier, puisque non seulement il admet un Dieu unique, mais qu'encore il absorbe dans le sein de ce Dieu l'univers tout entier. Si c'est du polythéisme, c'en est un bien singulier aussi, puisque au lieu d'un nombre plus ou moins limité de dieux, il fait dieu tout ce qui est. En effet, il réalise tout à fait la vieille idée du Panthéon de Rome. Mais faire autant de fractions de Dieu qu'il existe de choses, et puis construire de toutes ces fractions de divinité un seul être, et enfin déclarer que ce seul être est tout ce qu'on veut bien reconnaître pour réel et pour existant au milieu de ce qui existe, c'est au fond un procédé plus alchimique et plus poétique que philosophique. Aussi les écoles sincèrement spéculatives n'ont-elles jamais admis le panthéisme. Nous le verrons, le panthéisme est le produit d'un premier vol et celui d'une dernière chute ; il est l'enfant de l'inexpérience et celui du désespoir, ou de la lassitude métaphysique.

Ancien ou moderne, le panthéisme s'est essayé sous quatre formes principales : il a été *psychologique, cosmologique, ontologique, mystique*. Le panthéisme *psychologique* admet que Dieu est l'âme du monde, et qu'il anime ou pénètre l'univers, de même que l'âme anime et pénètre le corps, avec cette différence néanmoins que l'on ne peut pas distinguer l'univers de Dieu, comme on distingue l'âme du corps, ou du moins que cette distinction est vaine. C'est là, en effet, la pensée de ce système, car à ses yeux l'âme n'est qu'une parcelle, qu'une émanation de la divinité. C'est pour cela même que l'âme est en petit ce que Dieu est sur une plus grande échelle; qu'elle gouverne le corps comme il gouverne le monde; qu'émanée de lui, elle le réfléchit où il veut et tant qu'il veut; qu'elle rentre dans son sein dès qu'il la rappelle à son origine.

Il y a là un degré, une lueur de vérité ; et c'est par là que ce système a pu s'établir. L'âme en effet est de Dieu, au service de Dieu, à ses ordres pour entrer dans ce monde et pour en sortir. Mais assimiler Dieu à l'âme ou l'âme à Dieu, et comparer le gouvernement de l'univers à celui du corps, c'est se complaire dans des illusions. Si Dieu était modifié, sollicité, paralysé, amorti ou altéré par le monde comme l'âme l'est par le corps, Dieu serait changeant, faible et capricieux; Dieu ne serait pas Dieu. L'âme est troublée et tourmentée par les maladies : le suprême auteur de l'univers est-il agité par les crises de la nature faisant une seule et même chose avec lui, comme nous le sommes par le corps formant une seule et même chose avec nous? Oui, dans ce système. Mais dès lors ce système n'a plus de dieu véritable. On le voit professé par quelques anciens au début même de la philosophie, et renouvelé par quelques modernes au terme de la spéculation; mais ce système est un des plus faibles.

Le panthéisme *cosmologique* est un pas sur le panthéisme psychologique. Il ne fait pas de différence entre le corps et l'âme, afin de comparer l'un à Dieu et l'autre à l'univers, comme le fait le panthéisme psychologique. Pour lui, Dieu n'est ni l'âme du monde ni le monde, Dieu et le monde sont à ses yeux une seule et même chose; car pour lui il n'existe et ne saurait exister qu'une seule chose, et cette chose unique est Dieu. Ce système est de Xénophane et de Parménide. C'est encore un début. C'est même un début entaché d'idées grossières; car, dans l'opinion vulgaire, opinion faite par les traditions cosmogoniques qui étaient venues en Grèce de l'Égypte ou de l'Asie, l'univers, la plus parfaite des choses, avait la forme la plus parfaite, la ronde. Or, Dieu et l'univers étant une seule et même chose, il s'ensuivait que Dieu aussi était de forme circulaire, et qu'ayant une forme il occupait un espace déterminé, borné. On comprend qu'avec cette triste attache le panthéisme cosmologique ne pouvait pas plus se soutenir que le panthéisme psychologique.

Le panthéisme *ontologique* vint l'amender après un grand laps de siècles. En effet, Spinosa rejeta non seulement, dans la science de l'Être des êtres, l'idée d'une forme circulaire, mais celle de toute *forme* et de tout *nombre*. Et cherchant la plus fondamentale de toutes les notions, celle de *substance*, il ne reconnut qu'une substance unique et seule réelle. Tout le reste était à ses yeux simple accident. Une substance unique est nécessairement éternelle, puisque aucune autre ne saurait lui avoir donné la vie ni aucune lui donner jamais la mort. Et elle embrasse nécessairement tout ce qui est, puisque seule elle est quelque chose de réel. Il y a autre chose qu'elle, mais il n'y a que ses *manifestations*. Ces manifestations se font suivant deux *modes* ou deux *accidents*, la *pensée* et l'*étendue*. Mais ce sont bien réellement de simples manifestations. En effet, toutes les choses pensées et étendues, tout ce qui tombe sous les sens, sens externes ou internes, n'est qu'une série d'*apparences*, ou, si l'on veut, d'*apparitions* que fait la substance, qui seule est réelle.

Tel est le principe de ce système si fameux qui vint tout à coup se placer entre Descartes et Leibnitz, et qui fut à la fois si puissant d'abstraction et d'obscurité que, jusqu'à ce jour, nul n'a su le suivre, nul le réfuter. On ne saurait réfuter une doctrine de pure construction. Mais il est inutile de la combattre quand elle n'est qu'une hypothèse. Le spinosisme n'est pas autre chose, car l'idée de substance, empruntée aux écoles, n'est qu'une de ces abstractions, de ces notions de convention dont elles faisaient autrefois un si singulier abus. Nul de nous ne connaît une *substance*. Nous ne connaissons pas même de *force* ; nous ne connaissons que des *phénomènes* et des *idées*.

Les panthéistes modernes, c'est-à-dire les métaphysiciens qui, dans un besoin d'unité, sont arrivés dans leurs doctrines ou dans leurs livres à professer en quelque sorte le panthéisme, ont fait un pas en arrière de Spinosa. Ils ont mis à la place de la substance et de ses deux modes de manifestation le *réel* et l'*idéal*, ce qui reproduisait, sous une forme plus subtile, la vieille lutte du *réalisme* et de l'*idéalisme*. Cependant, ils ne se sont pas divisés en *réalistes* et en *idéalistes*, mais ils ont été *réalistes-idéalistes*, c'est-à-dire qu'ils ont considéré le *réel* et l'*idéal* comme les deux *pôles* opposés, les deux extrêmes du même être. Cet être non différencié est l'absolu ; différencié, il a deux faces contraires, le réel et l'idéal, l'*objectif* et le *subjectif*. A cette identité d'autres ont substitué l'identité de l'*idée* et du *esse* (εἶναι), du *être* et non pas de l'*être*. On le voit, ce pas en arrière est immense, car ce sont des ténèbres répandues sur l'obscurité. Il est évident, en effet, que les mots *absolu* et *esse* n'ont pas même la lueur de clarté qu'avaient ceux de *substance* et de *mode* ; que ceux de *réel* et d'*idéal* ne valent pas ceux de *pensée* et d'*étendue*. Ni les uns ni les autres de ces termes ne sauraient avoir cours ailleurs que dans les écoles.

Le panthéisme *mystique* a sur les autres cet avantage qu'il parle au cœur et qu'il est cher à la foi. Il n'est autre chose que le désir sincère, l'espoir passionné de l'homme de s'unir à Dieu, d'être absorbé, et pour ainsi dire enseveli en son sein. C'est une bien grave erreur, c'est une des plus dangereuses aberrations qu'ait enfantées l'Orient, car elle touche aux systèmes les plus contraires à la morale. Elle n'est pourtant pas nécessairement incompatible avec le sentiment religieux, mais elle le conduit à l'exaltation, aux visions, à l'extase, qui l'égarent.

On a distingué d'autres genres de panthéisme ; on a parlé d'un panthéisme logique, d'un panthéisme physique, d'un panthéisme métaphysique, et enfin d'un panthéisme pratique. Ce sont autant de désignations incomplètes ou vicieuses des espèces que nous avons admises. Ce qui caractérise toutes les nuances de ce système, c'est qu'elles sont toutes également inacceptables à la raison. Nées les unes du sentiment ou de l'imagination entendus à l'exclusion de l'intelligence ; les autres, de l'intelligence consultée à l'exclusion du sentiment ; faites les unes pour les besoins de la spéculation scolastique, les autres pour ceux d'un mysticisme qui voudrait abjurer jusqu'à l'individualité, elles ne conviennent, nous l'avons dit, qu'aux enthousiastes et aux métaphysiciens. Le panthéisme quel qu'il soit ne saurait plaire ni à la multitude ni à la saine raison. La conscience générale répugne à la déification de nous-mêmes comme à celle de la nature. Quels que soient, pour la beauté d'un système, les charmes de l'unité, notre raison ne saurait l'atteindre. L'unité est la vérité absolue, et celle-là, nous ne l'atteignons jamais. Pour l'atteindre il faudrait être Dieu. Dès lors il n'est pas étonnant que quelques-uns se fassent Dieu et se disent panthéistes. Mais on peut affirmer qu'ils ne sont pas plus ce qu'ils disent que ce qu'ils prétendent se faire. Il peut y avoir des panthéistes de bonne foi ; ce seraient des enthousiastes ou des métaphysiciens devenus enthousiastes ; ce ne seraient pas des philosophes. Quelques esprits spéculatifs d'Allemagne, cherchant depuis Spinosa ce pont ou cette identité entre le subjectif et l'objectif qui est et sera un éternel mystère, sont arrivés à des résultats de ce genre. Schelling et Hegel, pour passer sous silence une foule d'autres plus secondaires, ont passé pour panthéistes. Quant à Hégel, j'en parlerai ailleurs ; mais j'ai à voir maintenant si M. de Schelling est panthéiste.

CHAPITRE XXXIV.

La philosophie religieuse de M. de Schelling est-elle panthéiste ?

La première phase de la doctrine de M. de

Schelling est une sorte de panthéisme. C'est même la forme la plus complète et la plus savamment travaillée qui ait été présentée de cette hypothèse si souvent exposée, dans le monde philosophique depuis Xénophane, dans le monde religieux, depuis les docteurs de l'Indostan. Cependant l'auteur et ses amis se sont toujours récriés avec vivacité contre cette conclusion, et ils ont eu d'autant plus raison de la contester que, panthéistes par besoin de système, ils ne l'ont jamais été ailleurs que dans les écoles. Mais là ils l'ont été. A la vérité, il est sans cesse question, dans leur doctrine, d'un Être-suprême et d'un absolu. Mais, qu'est-ce que ce suprême et cet absolu ? Il est tout en tous ; il est dans la créature. S'il n'y était pas, la créature serait indépendante de lui, aurait en elle son existence et la raison de son être, c'est-à-dire que ce serait un absolu opposé à l'absolu. Celui-ci serait donc limité par un autre, c'est-à-dire qu'il ne serait plus ni infini, ni absolu, ni suprême. « Or, loin de là, dit M. de Schelling, rien de ce qui est, si ce n'est l'absolu, n'est absolu, par la raison que l'absolu est lui-même tout ce qui est. » Cette identité est le principe même de sa doctrine. L'infini est dans le fini et il y est *immanent*. Loin d'admettre l'idée vulgaire de créatures produites par un autre qu'elles-mêmes, en un mot, l'idée d'une création faite dans le monde matériel par une intelligence externe (comme le voulait la philosophie depuis Anaxagore jusqu'à Spinosa, qui est retourné à Xénophane), M. de Schelling pose un *monde-matière*, monde dans le sein duquel se développe une intelligence interne. C'est, en effet, dans la matière que s'accomplit son grand procès ou son grand progrès, qui se résume ainsi : lumière, vie, esprit, subjectivité absolue et idéalité pure considérant tout le reste comme objet. Dieu, l'absolu, l'univers-moi, l'âme du monde, le macrocosme, ou la subjectivité suprême qui se réfléchit dans la subjectivité humaine, n'est donc pas le premier. Il n'est pas le principe, le produisant. Il est le dernier, le produit, le couronnement de l'œuvre, du *processus naturæ*. De même que se développe le germe qui naît homme et qui devient conscience, idée de soi ou de sa réalité, de même se développe le germe du monde, et devient, au degré suprême, âme du monde, conscience, idée de soi. C'est là l'absolu ou Dieu ; c'est Dieu embrassant, comme autant de parties de lui-même, toutes les autres âmes. Aussi, dans tous ses produits, le suprême qui les produit est un avec eux. Si donc il y a production et création, c'est dans un sens spécial, celui d'un développement interne, d'une génération naturelle, d'une simple évolution, d'une animation forcée et inévitable. C'est ainsi qu'il en est question dans cette doctrine.

Il n'y a donc pas le moindre doute à conserver, à sa première phase et comme hypothèse, comme système, cette philosophie n'était qu'une forme de plus de l'antique panthéisme. Mais, de cette première phase c'est à peine s'il reste vestige dans la dernière. Dans celle-ci, le spinosisme, qui n'était pas encore exilé dans la seconde, s'est évanoui au point que c'est à peine s'il en est resté quelques termes, et que maintenant la doctrine religieuse de M. de Schelling est non seulement transformée du panthéisme en monothéisme, mais que dans son idéalité, telle qu'elle tend à se développer, elle se déclare identique avec le christianisme. La philosophie de la révélation n'a pas seulement succédé à celle de la nature, elle en a pris la place, et M. de Schelling, qui ne veut pas se charger lui-même de proclamer l'avénement d'une puissance nouvelle et la chute d'une ancienne, se rit assurément, en esprit supérieur, de ceux qui, pour pouvoir lui jeter la pierre, lui reprochent le culte d'une idole qu'il n'a pas brisée sans doute, mais qu'il a reléguée au fond d'un sanctuaire presque muré. Je dis *presque*, parce que je voudrais que ce fût *tout à fait*, et que dans un extrait des ouvrages de M. de Schelling, fait du consentement de l'auteur, on n'eût pas reproduit un texte (voir Auszüge aus Schellings Schriften au mot Geschichte) où il est dit que Dieu ne sera réellement Dieu que dans la troisième période. Assurément, l'auteur n'a permis la publication récente de ce fragment que pour fournir lui-même au lecteur un point de comparaison de plus entre le présent et le passé.

En somme, il reste beaucoup à faire à l'illustre philosophe pour que sa théodicée se dégage, complétement pure et forte, des langes dont elle était enveloppée dans son berceau. Son anthropologie est-elle plus avancée? On la dit écrasée sous le poids du fatalisme, qui est la conséquence inévitable du panthéisme. Qu'en est-il?

CHAPITRE XXXV.

L'anthropologie de Schelling aboutit-elle au fatalisme?

Avec le panthéisme, on sait ce que deviennent les questions de la Providence, des lois morales et physiques de l'univers, du bien et du mal, c'est-à-dire les questions les plus importantes de la théodicée. Il serait inutile de faire remarquer qu'il y avait là, dans la première phase de la doctrine de M. de Schelling, une lacune immense, car, entre la théologie et l'anthropologie, les rapports sont intimes. L'homme est toujours fait à l'image de Dieu, non seulement dans la cosmogonie de Moïse, mais encore dans tous les systèmes modernes. Une théologie obscure et panthéiste donne une anthropologie vague, indéfinissable. Or, dans l'ancienne doctrine de M. de Schelling, cette science est aussi compliquée que la théodicée, malgré son apparente simplicité, l'identité de l'objet et du sujet.

Et d'abord, l'âme humaine est une des parties de l'âme du monde, qui est tout en tous. Elle est le reflet le plus pur de l'absolu ; elle est la raison suprême dans une individualité. Elle est Dieu au petit pied. « On ne doit pas dire que la raison a l'idée de Dieu, mais qu'elle est cette idée. Elle n'est rien sans cela. » Mais est-elle une personnalité ? Le panthéisme détruit la personnalité. Les Eléates et Spinosa, les plus francs organes de cette théorie, l'ont prouvé depuis longtemps. M. de Schelling soutient la liberté et la personnalité humaines, même dans ses écrits les plus anciens. « Chaque chose, dit-il, a sa nature, son essence. Si cette nature n'est pas primitive, si elle est dérivée, on peut être dérivé et dépendant, et néanmoins libre, chose en soi. L'absolu est sans doute en tout, mais en nous il se constitue en personnalité, et il détruit si peu notre personnalité que, au contraire, il demeure toujours *immanent* dans toutes celles qui se constituent. Dès lors, elles sont évidemment perpétuelles, éternelles. Cela se voit partout. Tout individu organique est le dérivé, le devenu d'un autre. L'homme est le dérivé d'un autre homme. Eh bien, pour être né d'un autre, en est-il moins une personnalité indépendante? »

Au premier aspect, ces considérations paraissent sauver notre personnalité aussi complétement que possible. Mais M. de Schelling ne détruit-il pas lui-même la force de ses raisonnements, lorsqu'il ajoute, comme démonstration de ce qu'il avance, que, dans l'*organisme* individuel de l'homme, il y a d'autres *organismes* individuels qui ont à leur tour une sorte d'existence, de vie indépendante et même de liberté? En effet, M. de Schelling, dont l'esprit a des ressources inépuisables, ne donne-t-il pas un exemple désolant à force de simplicité et de vérité, lorsqu'il dit ceci? « Dans l'organisme humain, l'œil a son activité, ses fonctions, sa santé, ses maladies et sa mort à part. » Pour nous prouver notre personnalité, vous nous montrez un *organisme* individuel qui a sa mort à part, sa mort absolue et sa mort isolée, quand l'*organisme* général auquel il appartient, le corps, peut continuer de vivre ! Ne serions-nous donc qu'un de ces *organismes* détachés qui peuvent mourir, quand l'*organisme* central auquel ils ont tenu peut continuer de vivre? N'était-ce pas le cas de moins démontrer? En vérité, loin de corroborer notre indépendance et notre personnalité, qui sont notre moralité et notre immortalité, cet argument la détruit. Si la personnalité de l'âme n'est que celle de l'œil ; si elle n'est, vis à vis de l'absolu, que ce que cet organe est vis à vis du corps, sa perpétuité et son éternité sont aussi compromises que son indépendance et sa liberté. L'œil n'a de mouvement qu'autant que l'âme lui en imprime ; l'âme n'en a-t-elle donc à son tour qu'autant qu'elle en reçoit de l'absolu ?

Heureusement toute cette argumentation ne porte que sur un exemple mal choisi. M. de Schelling, qui pouvait mieux choisir, n'admet pas les conséquences qui en découlent. Il s'éloigne, au contraire, le plus possible de Spinosa, à qui on le compare et pour qui l'homme est un simple attribut de la substance commune, *qui est et qui pense.* « Les catégories d'effet et de cause, d'attribut et de substance, dit M. de Schelling, ne doivent pas nous empêcher de considérer ce qui est un effet ou un accident de l'absolu comme une cause et une substance à part et à soi. Il est possible que l'homme ait sa racine dans l'absolu, et que néanmoins il demeure dans une forme d'existence telle qu'il en reçoive pour lui-même le caractère de l'absolu et de l'indépendant. *L'immanence* de l'absolu en nous est certaine ; mais elle ne détruit ni notre personnalité ni notre liberté ; elle est, au contraire, l'unique moyen de les sauver. »

Cela est si vrai pour l'habile et très poétique métaphysicien que, d'accusé réduit à se défendre il se fait accusateur à son tour. « Dans les opinions vulgaires (celles de tout le monde), dit-il, on ne sauve pas mieux la personnalité que la liberté. Pour vous en convaincre, vous comparez nos attributs avec ceux de Dieu, par exemple, notre puissance avec la sienne. N'est-il pas évident que la nôtre périt dans la doctrine ordinaire ? Comme la goutte d'eau se perd dans l'Océan, comme toute autre lumière disparaît devant celle du soleil, de même disparaît devant la toute-puissance de Dieu toute pensée, toute volonté, tout pouvoir propre et individuel de l'homme. Admettez, d'après votre vieux système, une causalité absolue dans un seul, et vous n'avez plus, dans tous les autres, qu'une passivité absolue. Notre *immanence* en Dieu et notre liberté sont deux faits si peu contradictoires, qu'au contraire il n'y a de liberté qu'en Dieu, et que tout ce qui est hors de Dieu cesse d'être libre. »

Ici tout le monde est d'accord avec l'auteur. Mais ce que nous appelons Dieu, *immanence* en Dieu et liberté, sont des choses autres que ce qu'il appelle ainsi. S'il se fût borné à faire voir ce que Dieu est réellement en nous, et comment nous sommes en Dieu, il n'y avait pas nécessairement dans son système ce que la raison et le sentiment de la personnalité repoussent avec le plus d'énergie, il n'y avait pas de panthéisme absorbant la liberté humaine au point de faire peser, sur notre volonté comme sur toute notre pensée, une pensée et une volonté centrales. En effet, quoique Dieu fût en nous, il pouvait être encore ailleurs qu'en nous, être autre chose que nous et que les autres parties du monde, n'être en nous qu'autant qu'il le fallait pour qu'il y eût un lien entre la cause et l'effet, le créateur et la créature. Mais ce n'est pas dans cette limite que demeure M. de Schelling ; au contraire, à côté de l'*immanence*, il place la *non-différence*, l'*identité*. Or, cette théorie, qui est fondamentale, détruit nécessairement l'autre, qui ne l'est pas. Que deviendraient donc, d'après cela, l'anthropologie et la psychologie anciennes? Des sciences d'une pauvreté extrême, à négliger comme les a négligées le philosophe. L'âme n'étant plus qu'un *organisme* dans un autre *organisme*, quelle importance y aurait-il à étudier le jeu de ses facultés, les lois de sa pensée, les règles de ses actions? Etudiez le jeu de l'*organisme* central, les lois de sa pensée, la règle de ses actions, et vous savez le reste. Il n'y a d'important que la morale générale, ou la loi suprême, qui préside au jeu de toutes les volontés et de toutes les personnalités libres. Dès lors, la morale spéciale, l'activité humaine dans son jeu de tous les jours et de tous les instants, est peu de chose. *La philosophie de la nature est-*

elle un panthéisme qui absorbe à ce point l'individualité humaine ?

M. de Schelling le nie. « Quoique l'activité de la nature n'ait pas conscience de son but dans tous les objets, dit-il, elle procède néanmoins rationnellement dans tous. Tout le système d'activité et de vie qui se révèle dans la nature n'est autre chose que la raison qui y existe. » Cela est précis, mais cela n'implique-t-il pas contradiction ? Il est certain que cela établit sur le bien et le mal une théorie périlleuse, celle que tout est bien, *puisque chaque chose est ce qu'elle est, en vertu d'une raison qui l'oblige d'être ce qu'elle est et l'empêche d'être autre chose.* C'est là précisément ce qu'un ancien disciple de M. de Schelling, Hegel, exprimait si malheureusement dans le fameux axiome : « Tout ce qui est réel est rationnel. » Il est certain aussi que, dans sa philosophie de la nature, M. de Schelling se prononçait pour la théorie primitive de l'école d'Ionie, pour la cosmologie *dynamique*, c'est-à-dire pour le système qui admet une puissance créatrice inhérente à la nature elle-même. Il rejetait la cosmologie *mécanique*, celle qui admet l'intervention dans la nature d'une cause externe, d'une intelligence suprême, en un mot d'un créateur agissant sur elle. Il réfutait même très vivement cette opinion. « Elle considère, s'écriait-il, la nature comme une matière morte, qu'aurait animée quelque souffle ou quelque idée venue du dehors. On ne saurait admettre cette influence de la part d'un être différent d'elle par son caractère, et qui eût essayé sur elle une action dont rien n'expliquerait la puissance, qui eût, par exemple, tenté de lui prescrire un *organisme*, des lois et un but appartenant à un tout autre ordre de choses. »

Cela étant M. de Schelling rejetait les idées de *création*, ainsi que celles de *Providence*, de *Dieu* et d'*Esprit* dans le sens ordinaire. Il s'applaudissait même de combattre ces opinions « si fausses. » — « Si je détruis le mécanisme (ou plutôt le dynamisme) de la nature, j'anéantis la nature elle-même. Tout le charme de la nature repose précisément sur cette antithèse que, produite par des forces aveugles, elle est néanmoins en tout et partout rationnelle. Si, au contraire, la nature est pour nous une agrégation de choses mortes, que le hasard, ou, *ce qui serait la même erreur*, une puissance étrangère à la nature, aurait disposées comme elles le sont, afin que nous y trouvions aliment et entretien, elle serait voilée au regard du philosophe comme à celui de l'artiste. »

L'idée contraire à cette *erreur* est, pour M. de Schelling, la source de la science et du plus pur enthousiasme. Et, dans ses vives sympathies pour les beaux-arts, il s'attache à communiquer son point de vue à l'artiste pour l'élever au rang d'un « véritable Démonien, » c'est-à-dire d'un créateur inspiré. Voici comment. L'artiste en créant ses chefs-d'œuvre rivalise non plus avec un créateur autre que la nature, mais avec la nature elle-même, *la nature qui est lui*, et qui, « en lui, arrive à la forme la plus pure, à la conscience et à l'intuition la plus parfaite. »

N'était-ce pas là professer sous toutes les formes, sinon le fatalisme ancien et vulgaire, c'est-à-dire une destinée prescrite et maintenue invariablement par une main de fer, un destin inexorable, du moins une destinée donnée à chaque *organisme* par sa nature propre et par celle de l'*organisme général* ? Et que devenait dans ce système la liberté véritable, la liberté arbitraire de l'individu, celle en vertu de laquelle il peut à chaque instant changer de volonté, suivre telle loi ou telle autre, et aller même contre la loi de Dieu et celle de la nature ? Car la liberté qui ne peut aller jusque-là n'est pas la liberté, la liberté responsable, la liberté morale, la liberté méritante si elle se conforme volontairement à la loi du bien, coupable si elle y déroge. Et que deviennent la morale et la politique sans cette liberté ? Vous les livrez à la licence ou au despotisme [comme vous livrez l'anthropologie au fatalisme] si elle n'est pas le fondement de toutes vos théories. Que valent la morale et la politique de M. de Schelling? Pour pouvoir répondre à cette question, nous avons besoin de poser d'abord une saine théorie de la liberté.

CHAPITRE XXXVI.

Ce que c'est que la liberté.

La question de la liberté morale et des libertés sociales est une question permanente. Elle ne s'épuise jamais. Elle se compose d'un élément variable et d'un élément invariable. Ce dernier, c'est l'élément moral ; l'autre, c'est l'élément politique. Celui-ci suit toutes les phases possibles des mœurs et de la civilisation, et prend des formes infinies. La question est donc toujours neuve, toujours à l'état de problème, et demande à être résolue toujours de nouveau. Imaginer qu'elle est tranchée ou qu'elle puisse l'être, et d'une manière absolue, c'est se tromper grossièrement. A chaque degré de l'échelle, l'état social impose aux libertés naturelles de l'homme des sacrifices nouveaux, des sacrifices différents, et avec la forme des devoirs politiques change la forme des devoirs moraux.

La mère de toutes les libertés de l'homme social, c'est la liberté de l'homme moral, c'est-à-dire de l'homme considéré psychologiquement.

En psychologie, la liberté est cette faculté que nous avons, d'abord de prendre possession de nous-mêmes, puis de nous arrêter pour délibérer, puis de nous déterminer à la suite d'une délibération, et enfin d'agir en vertu d'une détermination. Il est bien en notre puissance de ne pas user de cette faculté, mais nous n'avons pas le droit de ne pas en user ; il est, au contraire, en morale et en politique, de notre devoir le plus rigoureux de jouir toujours de notre liberté tout entière.

Sur cette liberté première reposent non seulement toutes les autres, mais se fonde aussi toute la puissance et toute la valeur de l'homme, j'entends sa volonté. Sans la liberté, point de volonté responsable ; sans cette volonté, point d'action propre, point de valeur personnelle. On a dit que la liberté était une volonté qui ne dépendait d'aucune autre. En cela il y a exagération. D'abord la liberté n'est pas la volonté, puisque la volonté peut exister sans la liberté, et la liberté sans la volonté ; ensuite il n'est dans l'ordre du monde qu'une seule volonté qui ne dépende d'aucune autre, celle de Dieu, de laquelle toutes les autres ne sont réellement que des reflets, et, par conséquent, des agents plus ou moins fidèles, quelque indépendants qu'ils puissent être dans la sphère, petite ou grande, que la puissance première a pu leur assigner. Définir la liberté comme absolue, ce n'est donc pas définir celle de l'homme, c'est définir celle de Dieu. L'homme aussi a sa liberté ; mais cette liberté est relative. En effet, dans la sphère petite ou grande que l'ordonnateur suprême des choses a déterminée pour chaque être, chacun, quel qu'il soit, est doué d'un degré de liberté proportionné à la mission qu'il doit remplir, et tous tiennent à user de la part d'indépendance et d'individualité qui leur est échue. Et tous ont le droit d'y tenir.

Ainsi l'animal veut être libre, et a le droit de l'être autant qu'il convient à sa nature et à sa destinée. Il a l'instinct de cette liberté, il la défend tant qu'il peut, et tout fait voir qu'il a raison de la défendre, puisque, dans la servitude, il perd quelques-unes de ses plus puissantes qualités. Il est pourtant fait aussi pour transiger sur ses libertés, puisqu'en transigeant et en se soumettant au régime de l'homme, il acquiert des aptitudes que ne saurait lui donner l'état sauvage. Le végétal lui-même a reçu sa sphère de liberté et a besoin, pour prospérer, d'en conserver la portion inaliénable. Il doit pouvoir se développer sans trop d'entraves, et, en vertu de cette loi de la nature, il résiste tant qu'il peut et repousse tout ce qui gêne son libre déploiement. Il se redresse cent fois contre les violences qu'on lui fait subir, et ne cède qu'aux liens invincibles, qu'aux coups mortels qu'on lui porte. Et pourtant il est fait aussi pour ce sacrifice. Il se laisse tailler et greffer de mille façons. Il y gagne ses plus utiles et ses plus éclatantes qualités, et plus il est taillé et greffé avec intelligence, plus il étale de beauté et produit de bons fruits. Mais si vous touchez à sa racine, si vous le blessez au cœur ou le greffez contrairement à son caractère propre et le taillez mal à propos, vous le tuez.

Il en est ainsi de l'homme. La nature l'a fait avec un degré de liberté qui est la source de sa grandeur et le pivot de sa destinée, degré sur lequel il doit transiger avec la société, sous peine de manquer sa mission, de tomber dans l'état sauvage, mais degré qu'il ne peut jamais abandonner sans se manquer à lui-même et sans tomber à l'état de brute. Si dans la nature entière nulle liberté n'est absolue, hormis une seule, celle qui est la source de toutes les autres; si à toutes les autres sont données des restrictions qui les bornent, des lois qui les règlent dans leur sphère ainsi restreinte, et des motifs qui les soumettent à ces lois d'une manière catégorique, impérative; si la liberté de Dieu seul est sans borne et sans loi; s'il ne rencontre que ses perfections pour obstacle à ses volontés, n'a besoin ni de se posséder, ni de délibérer, ni de préférer, et n'a qu'à vouloir; si notre liberté, à nous, n'est que relative et sans cesse obligée de se soumettre à d'autres volontés, de transiger avec elles, du moins à ces transactions président des lois sacrées, et jamais la transaction ne doit dégénérer en soumission absolue. Qui transige doit stipuler, et l'homme qui transige stipule sur un droit inaliénable, imprescriptible. On a démontré ce droit avec éloquence; ce qui le démontre le mieux c'est le sentiment universel.

Cependant on a contesté systématiquement la liberté de l'homme. On a dit que, pour nous, intelligences secondaires, cette nécessité où nous sommes de prendre possession de nous pour délibérer, cette obligation où nous nous trouvons de peser nos raisons et de balancer nos motifs quand nous voulons agir, cette impossibilité même qu'il y a pour nous de nous déterminer sans ces motifs et sans ces raisons, prouvent sinon que nous ne sommes pas libres, du moins que nous vivons dans un grand assujettissement. On a été plus loin; on a nié plus complétement la liberté de l'homme. On a dit qu'étant déterminé par des motifs, et ne pouvant pas, être raisonnable qu'il est, se déterminer contrairement à la raison, il n'était pas libre de penser d'une façon autre qu'il ne fait. On a dit qu'il était forcé, qu'il était esclave de sa raison et de celui qui la lui a donnée. Mais cela est si peu vrai, qu'au contraire c'est aux motifs les plus raisonnables qu'il accorde le plus rarement la préférence, et que c'est le plus souvent à d'autres que cède la grande majorité des hommes. Et, en y cédant, ils prouvent d'une manière évidente, comme ceux-là même qui n'y cèdent guère ou n'y cèdent jamais, que nous sommes indépendants; ils prou-

la marche du soleil. En d'autres termes, un acte de liberté serait à la fois une révolte et un prodige.

Mais ces hypothèses, qu'on a décorées du nom de *fatalisme* et de *déterminisme*, n'ont rien gagné à ces grands noms; elles n'ont pas obtenu plus de crédit que toutes les autres qui niaient la liberté. La liberté ne peut se nier. Elle nous est donnée dans notre conscience, dans notre constitution d'homme. Elle est un de ces faits intérieurs qui éclatent sans cesse, même aux yeux de ceux qui songent le moins à l'étudier. En effet, soit que nous délibérions, soit que nous agissions après avoir délibéré, soit que nous comptions avec nous-mêmes après avoir agi, nous savons parfaitement ce que nous faisons dans chacun de ces moments. Nous savons que nous sommes toujours libres de prendre tel parti ou tel autre, et quelquefois même de n'en prendre aucun. C'est peut-être en nous abstenant que nous faisons le plus grand acte de souveraineté, puisqu'alors nous planons au-dessus de deux ordres de motifs. Cependant notre satisfaction quand nous avons bien fait, et nos regrets quand nous avons mal fait, attestent au même point notre liberté.

Et pour voir tout ce que vaut la liberté de l'homme, nous n'avons qu'à envisager la doctrine contraire dans ses conséquences. Ainsi admettons un instant que nous ne soyons pas libres ; que nos délibérations ne soient qu'une illusion de notre amour-propre, et nos préférences qu'une soumission déguisée à quelque nécessité ; dans ce cas, que seront nos actions, que vaudront-elles ? Premièrement ce ne seront pas les nôtres ; ce seront celles de Dieu, ou celles du destin, ou celles du grand ensemble des causes. Puis, bonnes ou mauvaises en elles-mêmes, elles ne seront pour nous ni bonnes ni mauvaises ; elles seront au compte de celui dont nous aurons été les instruments. C'est-à-dire, dans l'un ou l'autre cas, sans la liberté il n'y a pas de moralité. Et en ôtant à l'homme la moralité, on change sa condition et sa destinée, on tue sa gloire. Ce ne serait peut-être pas là pour tout le monde une considération décisive : ce qui est décisif, c'est qu'en voulant lui *ôter la moralité*, vous essayez de le spolier. Or c'est là un crime de lèse-humanité, et ce crime est comme celui de lèse-divinité ; il ne peut se consommer sans révolter la conscience universelle. C'est le crime d'Ixion. Il dégraderait la céleste majesté de l'âme.

En effet, dans nos actes, si nous n'étions qu'instruments, il arriverait de deux choses l'une : ou nous nous prêterions avec une complète indifférence à ce que pourraient nous suggérer l'intérêt, le caprice, la passion et la séduction, ou nous dirions qu'il vaut mieux n'être pas même instruments, s'abstenir et se livrer à ce stupide immobilisme qu'une partie des populations dégénérées de l'Orient puise dans ses vieilles superstitions. Dans l'un et l'autre cas ce serait nous frapper de mort au cœur et dans la raison, et tarir jusque dans leur source nos pensées les plus généreuses et nos plus sublimes affections. Pour arriver là, il faudrait que l'humanité s'abdiquât elle-même ; or on abdique autre chose que soi, on ne s'abdique pas soi-même, pas même par un suicide. Cela réfute le fatalisme comme le déterminisme.

Nous dirons maintenant que ce qui ressort de l'humanité considérée abstractivement ressort plus vivement encore quand on la considère dans l'état social. Jeter dans la société le fatalisme ou le déterminisme, c'est y jeter l'irresponsabilité des actes individuels, c'est-à-dire livrer l'individu et l'état, sans lois et sans règles, à toutes les passions qui dissolvent le lien social. Ainsi les hypothèses qui tendraient à nous disputer la liberté se réfutent par les conséquences les plus absurdes. Faits de détails et considérations générales, tout nous enseigne la liberté de l'homme.

Mais si l'homme est libre, dans quelle mesure, dans quelle limite l'est-il ? Est-il souverain, non pas du monde, mais dans le monde ? Est-il sans loi ? Est-il l'auteur ou le simple sujet de la loi à laquelle il obéit? En un mot, est-il un être *sui generis*, et d'un développement indépendant, ou un être *generis communis*, et dépendant d'une loi commune et supérieure? L'homme n'est libre que dans la sphère où il se trouve, et sous la loi qui lui est prescrite dans cette sphère. Loin d'être souveraine et absolue, sa liberté est essentiellement seconde et relative. La sphère d'activité qui lui est assignée n'est pas celle d'un être infini, c'est celle d'un être fini, dont les facultés sont finies, dont la destinée est finie; l'état contraire nous égalerait finalement à Dieu, et l'homme ne peut jamais devenir l'infini. Devenir l'infini, ce serait prendre place à côté de Dieu, ou prendre la place de Dieu. On voit combien la prétention à l'infini est absurde, et combien notre liberté est bornée, même *a priori*, considérée idéalement, abstractivement.

Bornée ainsi dans sa nature même, elle est encore bornée dans toutes ses manifestations. Non seulement elle est subordonnée à la loi suprême du monde, loi qu'elle connaît instinctivement, que l'homme porte dans sa conscience et qu'il voit clairement écrite dans sa raison, mais elle est encore subordonnée à cette raison elle-même. Cette puissance, faite à l'image de Dieu, a sur nous mandat de régulatrice suprême, est la souveraine de toutes les facultés de notre être, est la responsabilité comme le gouvernement de toute notre personne.

Notre liberté suit une domination plus vulgaire; elle est forcée dans ses jugements par l'évidence, gouvernée dans ses résolutions par le sens commun, contenue dans ses actes par des forces supérieures. Devant l'évidence, le sens commun, la supériorité des forces, les lumières de la raison et la loi sacrée de Dieu, notre liberté peut céder à bon droit. Mais souvent elle cède à d'autres puissances. Tout ce qui trouble notre âme au point de l'empêcher de se posséder, les passions, l'ivresse, le délire, par exemple, trouble aussi nos délibérations, et par conséquent nos déterminations. Nous avons quelque pouvoir contre le développement de nos passions; nous en avons peu contre nos passions développées. Nous avons pouvoir contre la naissance de l'ivresse; l'ivresse née et grandie l'emporte sur nous. Nous avons peu de pouvoir contre l'origine du délire; nous n'en avons plus aucun dans l'état de délire.

Le délire, l'ivresse, les passions sont de tristes, mais de rares exceptions. Notre liberté subit des entraves plus permanentes. Les maladies physiques en restreignent et en interrompent souvent l'exercice. Les maladies morales, les hallucinations, le crétinisme, l'imbécillité ne nous la laissent que par intervalles. Le sommeil vient régulièrement la suspendre pendant le tiers de toute la durée de notre existence.

Cependant toutes ces restrictions et ces modifications, dont les unes pèsent sur notre liberté et dont les autres la règlent, ne sauraient ni nous l'ôter ni la nier. Elles en attestent, au contraire, la réalité; on ne modifie et ne restreint que ce qui est. Notre liberté est à tel point réelle, qu'elle est toute notre dignité ; et par elle s'accomplit notre véritable mission. Notre mission n'est pas plus *infinie* que nous-mêmes, mais elle est *immense* pour notre vue. Nous sommes faits libres et moraux pour occuper un rang dans deux mondes ; un rang provisoire dans l'un, un rang définitif dans l'autre. Par la liberté, la vie humaine acquiert son vrai sens ; par la liberté, nos pensées, nos actions entrent dans cet ordre de choses qui est éternel comme celui qui l'a fait, et qui n'est Dieu pour nous que par cet ordre. Aussi n'est-ce jamais sans enthousiasme que l'homme qui se comprend, s'élève dans cette région. Cet enthousiasme est le cri de joie le plus sublime. Et remarquez que notre destinée supérieure n'est nullement étrangère à celle dont nous subissons ici les conditions. Ce sont, au contraire, les principes de l'une qui président à l'organisation de l'autre ; et c'est parce que nous avons à nous préparer pour celle-là qu'il ne nous est pas permis d'aliéner celle-ci. Dans notre condition actuelle, la liberté de l'homme, déjà si restreinte, est à la vérité sujette à une foule de restrictions nouvelles, de sacrifices de tous les jours qu'exige l'état social; mais il est du plus strict devoir de l'homme de défendre contre ces sacrifices et ces restrictions, la plus grande somme possible d'indépendance et de liberté.

Il y a plus. Notre liberté n'est pas assujettie à ses plus grandes restrictions dans ses rapports avec la volonté à qui elle est *subordonnée;* elle est sujette à ses pertes les plus douloureuses dans ses rapports avec les volontés auxquelles elle est *coordonnée,* c'est-à-dire dans l'état social. C'est ici qu'elle reçoit ses plus grandes modifications. Nous ne sommes pas en un lieu quelconque, en un monde idéal; nous sommes, au contraire, dans une condition très déterminée, entourés de milliers d'êtres qui sont nos semblables et avec lesquels nous avons des destinées communes, des relations suivies, des rapports qui croisent sans cesse notre existence et qui tyrannisent jusqu'à notre pensée.

CHAPITRE XXXVII.

Ce que c'est que la liberté politique.

La vie sociale est une profonde usurpation sur la vie naturelle, sur la condition idéale de l'individu humain. L'état social est à la vérité aussi nécessaire à la vie morale que l'air et la lumière le sont à la vie physique; mais ses bienfaits, qui nous sont indispensables, ne nous sont pas donnés; nous les achetons, et même nous les payons cher. Ils nous imposent le sacrifice presque complet de quelques-unes de nos libertés les plus précieuses et modifient toutes les autres. C'est à tel point que les conditions auxquelles nous assujettit l'état social méritent le plus sérieux examen. Quelle est de notre liberté ou de nos libertés naturelles la partie *aliénable*, quelle en est la partie *inaliénable*?

Et d'abord y a-t-il des libertés inaliénables, c'est-à-dire des droits dont la loi suprême de notre être demande le maintien intégral et pur, par la raison que l'homme, dans quelque condition qu'il se trouve, en a besoin pour ses fins morales?

Tout être humain ayant un but personnel et individuel ne peut renoncer à l'indépendance dont il a besoin pour remplir ce but. Nul ne peut, par conséquent, se faire simple moyen, ou docile instrument, ou chose d'un autre. Cette obligation et cette destinée primordiales nous assurent des droits correspondants, des droits imprescriptibles qu'on appelle droits de la NATURE. Ce sont ceux de la liberté et de la sûreté de notre personne; de notre égalité morale à l'égard de nos semblables, de la liberté *intérieure* de notre pensée et de notre conscience, d'une liberté de paroles correspondante à cette liberté *intérieure*, de l'inviolabilité de notre honneur, de la propriété de nos biens, de la sainteté des conventions et des traités.

Ces libertés, disons-nous, sont imprescriptibles et inaliénables. Cependant si, en principe, nulle d'entre elles ne peut se *prescrire* ni s'*aliéner* sans danger pour la dignité de l'homme, toutes peuvent être modifiées, et chacune est modifiée presque aussitôt que nous entrons dans l'état social. Il est sans doute étonnant que nous soyons obligés de sacrifier une partie de nos libertés *naturelles*, et de les modifier toutes pour entrer dans l'état social, qui est notre état NATUREL. Cela paraît extraordinaire, contradictoire. On voit pourtant aisément la nécessité de ces modifications. Soit un exemple. L'inviolabilité de notre honneur se modifie nécessairement dans l'état social par la liberté de parole dont jouissent naturellement nos semblables à notre égard ; et à son tour cette liberté, qui ne peut pas leur être contestée entièrement, par la raison que nous ne voulons pas non plus nous laisser ravir tout à fait la faculté de penser et de parler librement sur leur compte, modifie nécessairement notre inviolabilité naturelle. Si la parole doit être libre pour eux, il faut bien que nos faits et gestes soient soumis à leur contrôle ; et si l'état social leur interdit à notre

16.

égard le droit de la *calomnie*, il faut au moins qu'il leur laisse celui de la *médisance*. Nous tenons nous-mêmes à exercer ce droit à leur égard, et sans ce droit la parole serait dans un état de servitude intolérable. Il n'est d'ailleurs permis à l'état de confisquer que celles des libertés qu'il peut atteindre par la loi, et nulle loi contre la médisance n'est possible. S'il se trouvait quelque génie assez subtil pour en inventer une, il s'en trouverait mille assez subtils pour l'éluder.

En général, l'état social n'est autre chose qu'une transaction entre les sacrifices possibles et les sacrifices impossibles, entre les libertés aliénables et les libertés inaliénables. Cette transaction, conçue et formulée en loi, constitue le droit social. Le droit social est un droit réel ; le droit naturel n'est qu'un droit idéal. Quand on a dit qu'il n'était qu'une théorie, on a commis un délit de lèse-majesté divine, car on a prétendu que les lois transitoires de l'homme devaient l'emporter sur les lois éternelles de

Dieu. Or, si la fatuité individuelle est risible, la fatuité sociale est effroyable, elle est pleine de crimes et de violences. Le droit social établi, la liberté naturelle fait donc place à la liberté sociale, mais qu'est-ce que la liberté sociale?

Nous l'avons dit, c'est un débris sauvé d'un naufrage, mais d'un naufrage nécessaire. Je dirais d'un naufrage volontaire, s'il était loisible à l'homme d'entrer ou de ne pas entrer dans l'état social; s'il n'était pas nécessairement et providentiellement tenu de vivre avec ses semblables dans une société réglée par les lois, et s'il était possible de faire des lois sans exiger des sacrifices.

Le débris sauvé du naufrage, la liberté sociale, se divise en liberté civile et liberté politique. La première, la liberté civile, réglée par la loi civile, est la part de liberté qui revient au citoyen dans ses rapports publics avec ses concitoyens; car nulle loi sociale ne doit intervenir dans les rapports privés, auxquels continue de présider la seule loi naturelle. La seconde, la liberté politique, réglée par la constitution de l'État, assure d'abord l'indépendance d'un état à l'égard des autres; elle fait ensuite aux citoyens la part de liberté publique et de droit politique que peut concéder l'état social. La question importante qui s'agite depuis qu'il existe des sociétés, et qui s'agitera toujours, est celle de savoir la mesure de liberté qu'on doit laisser, soit dans la vie politique, soit dans la vie civile. La juste et vraie mesure de la liberté individuelle est toujours dans l'intérêt de la société. Devant cet intérêt s'efface celui de l'individu. Sans doute il importe d'assurer la liberté individuelle, et, dans les législations avancées, des lois spéciales, quelquefois même des commissions spéciales ont pour but de garantir cette liberté; mais il importe encore davantage d'assurer la liberté du corps social que d'assurer celle de l'individu. Or, cette liberté ne saurait subsister à moins qu'elle ne soit fortement réglée. Et là est le salut de la société, là est aussi le malheur de l'individu. On le conçoit, avec une loi générale très forte, la loi spéciale, celle qui garantit la liberté individuelle, est très faible.

On a dit que la liberté était le despotisme de la loi. Si cela était vrai, il suffirait pour que la liberté régnât, que la loi, telle qu'elle est, fût exécutée. Mais si la loi était despotique elle-même, mieux elle serait exécutée et moins il y aurait de liberté. Quand la loi est despotique, son règne pur et net est nécessairement le despotisme du despotisme. La fameuse définition est donc une absurdité. Elle n'est qu'une de ces maximes si fausses et si ambitieuses que nous a léguées l'époque pleine de grandeur et d'extravagance où l'on substituait aux faits des principes, et aux doctrines de la raison les oracles de l'enthousiasme. Non, la liberté n'est pas dans le despotisme de la loi; elle est dans la bonté de la loi. La bonté de la loi, c'est sa conformité à l'intérêt social. Mais là est le problème. Quel est le véritable intérêt social, ou quel est celui des intérêts sociaux qui doit dominer les autres?

Cette question, la plus grande de toutes, et celle qu'on traite le moins, se résout suivant l'idée qu'on se fait du but de la société. On sait combien cette idée varie. Il est des temps où les lois se préoccupent des intérêts matériels; il en est d'autres où dominent les intérêts moraux; dans d'autres encore, c'est une transaction plus ou moins juste entre ces deux ordres d'intérêts. Aucune formule générale sur le but de la société n'a pu encore se faire agréer. Je dirai plus, il n'est pas possible d'en faire une qui convienne à tous les temps et à tous les peuples, et il n'est pas besoin d'une formule universelle. C'est dans la civilisation des peuples et dans la situation spéciale des esprits qu'il faut lire, à chaque époque, l'intérêt qui doit dominer tous les débats. S'il ne s'agissait que de formuler des axiomes, il serait aisé de dire que le but de la société est d'assurer son plus grand développement moral par le plus grand développement de sa prospérité matérielle. Mais d'abord cette formule n'apprendrait rien en politique. Ensuite, c'est encore une question pour le moraliste que de savoir si le second but de cette thèse donne le moyen d'assurer le premier, si le plus grand développement matériel d'une nation amène son plus grand développement moral. Pour ma part, je déclare que je ne le pense pas. La prospérité matérielle est la mère du luxe; le luxe enfante la mollesse; la mollesse avilit les peuples et perd les empires. L'État n'a ni le droit d'arrêter la prospérité matérielle, ni l'obligation de l'avancer. Il a celle de lui laisser son cours. Il n'en est pas de même du développement moral. Ce développement est de droit impérissable; il ne peut jamais être négligé impunément par la loi sociale, car la loi sociale est dominée par la loi morale, qui est inaliénable, inaltérable, qui est Dieu dans l'homme, Dieu dans les nations, Dieu dans les empires. Vous ne prétendrez pas arrêter ni enchaîner cette loi sous la vôtre.

Quoi qu'il en soit de cette question, quand la loi sociale est établie, la liberté politique prime la liberté civile. Elle ne la prime pas seulement, au besoin elle l'anéantit. Elle *absorbe* toute liberté personnelle qu'elle trouve dangereuse pour sa prérogative, elle l'emprisonne. Elle va plus loin, le cas échéant, elle prive l'individu qui est devenu social, et qui a complétement cessé d'être un individu naturel, de tous les droits qu'elle lui a donnés en échange de la liberté naturelle. Et, en procédant de cette manière, elle ne résilie pas le bail, elle ne restitue pas la liberté naturelle qu'on lui a engagée ; cette liberté lui est acquise de droit, parce qu'elle lui est acquise de force. Puis, elle nie qu'il y a bail. Elle affirme qu'il n'y a pas eu convention, et elle soutient que n'ayant pas pris l'homme dans l'état de nature, elle n'est pas obligée de le rendre à cet état ; que le voulût-elle, elle ne saurait où le conduire. Et cela est fondé. Aussi la société arrivée, à l'égard du citoyen, au dernier degré de collision, ajoute, à toutes les peines qu'elle lui inflige, celle de le retrancher du corps social sans le rendre à lui-même, de le déclarer civilement et politiquement mort, et de le traiter comme tel.

Et nulle société ne peut exister sans cette terrible fiction de mort, à laquelle elle n'arrive néanmoins que par degré. Elle rend quelquefois le citoyen à lui-même ; elle le met du moins à la porte de l'État, sauf à d'autres à l'accueillir. Mais ce transport ou ce renvoi au seuil de l'étranger, c'est une grâce, c'est une faveur. Quand le tort dont elle se plaint lui paraît majeur, elle ne bannit pas et ne déporte pas, elle enferme le coupable et tire sur lui le rideau de l'éternité. C'est ainsi qu'elle arrive à le déclarer mort.

La société doit-elle avoir contre l'homme un droit de plus? Ne peut-elle exister sans avoir celui de passer de la fiction à la réalité, et d'ôter la vie au membre du corps social qui a violé une de ses lois et qu'elle juge indigne des avantages qu'elle alloue à ses autres enfants ? En d'autres termes, l'état social, après avoir retiré tous les droits qu'il a donnés, peut-il prendre jusqu'à celui qu'on ne tient pas de lui, le droit de vivre ? Peut-il vous ôter jusqu'au droit de vivre enchaîné, exilé, proscrit ?

Il est évident que l'état social n'a droit de vie et de mort que sur le citoyen, et qu'il n'a pas droit de vie et de mort sur l'homme. Retrancher de l'humanité au lieu de retrancher de la société, ce n'est plus exercer un droit social, c'est usurper un droit divin. C'est, non pas anéantir un ouvrage de Dieu, cela est heureusement impossible à l'homme, mais c'est envahir la providence de Dieu et sa compétence, c'est briser sous ses yeux un anneau de cette grande chaîne qu'il a faite pour des desseins élevés au-dessus de notre intelligence, et contre lesquels nous ne pouvons avoir droit de vie et de mort que par une délégation formelle, permanente. Or, cette délégation est bien dans la loi de Moïse, mais elle n'est plus dans celle qui est venue la modifier.

Continuer comme définitive une loi provisoire, comme universelle une loi nationale, et cela pour commettre une infraction aux droits de Dieu, c'est une bien grave usurpation. C'est un sacrilége, un crime de lèse-majesté divine, ou il n'y a pas de sacrilége, ou il n'y a pas de crime de lèse-majesté divine. La société n'a-t-elle donc pas usé de tous ses droits quand elle a prononcé contre un de ses membres, soit la réclusion absolue, soit l'expulsion de son sein? Et qui peut prétendre agir encore quand il a épuisé tous ses droits? L'homme passionné. Mais la société n'est pas un homme passionné. La société est un être réel sans doute, mais impassible et juste comme un être idéal et parfait. Étrangère à la haine, elle ne connaît pas la vengeance. On le voit, la peine de mort, une des plus grandes questions de la civilisation moderne, est jugée en principe; mais l'est-elle aussi en pratique ?

Pour moi, je l'ai dit ailleurs (*De l'Influence des lois sur les mœurs*), je crois en cela l'application de la théorie tellement difficile, qu'on ne peut résoudre la question dans l'état actuel de nos mœurs. Nulle doctrine qui tient essentiellement à la science sociale n'est bonne dès qu'elle se pose absolue. Tous les principes sont invariables, mais il n'en est aucun dont l'application ne dépende de l'état de la société. Dès que la société est dans l'état normal, tout principe vrai, si idéal qu'il soit, est opportun ; tant qu'au contraire elle est dans un état anormal, toute théorie, si pure qu'elle soit, demeure à l'état de question. Je conclus. L'abolition de la peine de mort est un principe ; l'application du principe est une question dans notre état social ; mais ne pas en faire au moins une question, ce serait se montrer d'une honteuse indifférence à l'égard d'un *suicide permanent*, car la peine de mort appliquée par la société aux membres dont elle se compose, n'est que cela.

En général, il s'en faut que la discussion sur les transactions à faire entre les libertés naturelles et les sacrifices sociaux soit finie ; il s'en faut qu'il y ait beaucoup de dogmes reçus. Il n'est pas de concile pour juger ces questions. Il n'y a que le temps qui soit compétent pour les résoudre, et l'humanité, quelques progrès qu'elle ait déjà faits, est peu avancée encore. Soient des exemples. La liberté de la pensée et celle de la conscience sont deux droits dont l'un n'a jamais été mis en question et dont l'autre ne l'est plus. Mais de la première de ces libertés à celle de manifester la pensée par la parole, par l'écriture et par le dessin, il y a loin. On accorde partout, sans restriction, la liberté idéale et abstraite de la pensée; mais on n'accorde nulle part sans réserve la liberté de la tribune, de la presse et de la caricature. Ces libertés seront longtemps encore en question. En général, il est facile de poser, d'écrire dans une charte cette maxime, que la pensée est libre, et il est aisé de se conformer à des chartes qui, par ces mots, n'entendent que des droits qu'aucune charte ne peut ôter. Mais lorsqu'il s'agit de faire une concession réelle et de rendre la manifestation de la pensée aussi libre que la pensée même, on est arrêté tout court. Il n'est rien de plus difficile que de faire passer ce principe à l'état de pratique, et à chaque essai qu'en fait une nation, elle subit une modification fondamentale. Il en est de même de la liberté de la conscience. La conscience est libre, libre de ses convictions. Mais cette liberté entraîne-t-elle, outre la faculté inoffensive de choisir parmi les cultes légalement établis, la faculté agressive d'établir toute espèce de culte, y compris tels dogmes et telles cérémonies qu'on voudra? Non certes. Cette liberté qui n'existe encore que dans un seul code, celui des États-Unis, dont la situation est spéciale, sera-t-elle jamais écrite dans nos chartes d'Europe, et sera-t-elle parmi nous à tel point absolue qu'on ira jusqu'à tolérer, partout où ils se présenteront, le scandale des principes et l'absurdité des cérémonies? Non sans doute. Cette liberté devra toujours, comme toute autre, transiger avec l'intérêt social, qui varie de nation à nation comme d'année en année.

D'autres libertés bien moins périlleuses, et que les lois de la nature semblent nous assurer plus directement, subissent dans la société des modifications non moins grandes. Celle de contracter des liens de famille par la voie du mariage nous est sans doute donnée par la nature; elle est cependant subordonnée dans toutes les législations, à la surveillance de l'État; et il est des gouvernements qui ne l'accordent, avec raison peut-être, qu'à ceux qui se trouvent dans les conditions fixées par la loi sociale. La liberté d'association pour tel but que ce puisse être, ne saurait être contestée en droit naturel, et pourtant elle n'est inscrite sans contrôle dans aucun droit social. Elle est toujours primée par les intérêts de l'association principale, celle de l'État, et l'État doit demeurer éternellement juge du fait, sinon du principe. Si quelque chose doit être libre dans la vie, de par la nature qui nous a donné des aptitudes diverses, des capacités et des dispositions variées, c'est le choix des carrières. Ce choix doit évidemment être libre, et il n'est plus trop lié dans les pays avancés, mais il l'était autrefois dans tous les pays du monde. Dans l'antiquité, il existait à cet égard des priviléges de castes; dans le moyen-âge, et encore du temps de nos pères, des droits de corporation. Cela était conforme à l'intérêt social, et cela ne se serait jamais établi si cela n'avait jamais été utile. Aujourd'hui encore, et même dans les pays les plus avancés, le choix des carrières n'est pas entièrement libre; il est au contraire fortement et nécessairement influencé par mille considérations puisées dans les mœurs; et, malgré toutes les théories qui sont dans les livres, il est encore dans les mœurs des restrictions qui ne sont plus dans les lois. Le jeune homme né dans une condition élevée est appelé à une foule de positions auxquelles le jeune homme doué de capacité ne parvient pas en dépit de tout son mérite, de tous ses travaux, de tout ce qu'il peut invoquer de *titres moraux*. Contre ces *titres moraux* prévalent ces tristes *considérations personnelles* qu'on appelle des considérations *supérieures*. Il y a plus, le travail est libre en principe, mais la fabrication et la vente de toute espèce de produits ne le sont pas. L'industrie et le commerce, même pour les articles autorisés, sont non seulement assujettis à des droits, ils sont encore modifiés, dans l'intérêt des inventions et de la découverte, par des monopoles et des priviléges nombreux. Cela est nécessaire, cela est salutaire ; le progrès même le demande. Il est sans doute, dans chaque état, des intérêts qui réclament sous ce rapport une liberté absolue, mais il en est beaucoup d'autres qui demandent des restrictions et des droits protecteurs. Le débat est donc loin d'être jugé. La vraie question est de savoir de quel côté sont les intérêts majeurs, si c'est du côté de la liberté absolue ou de la restriction modérée. Dès que cette question sera jugée, et cette question n'est qu'un fait à constater, le principe ou la formule de la liberté sera facile à donner, car où est l'intérêt de la majorité, là est l'intérêt de l'État ; c'est cet intérêt qui est la mesure suprême de la liberté sociale.

L'état social impose des modifications même à la liberté de la circulation. Il reconnaît cette liberté en principe, par la raison qu'elle est évidemment dans la nature ; il la respecte aussi dans la situation normale des mœurs ; mais comme la situation des mœurs est rarement normale, il restreint la circulation suivant les convenances des temps. Il est des États qui, pour raison de police et afin de prévenir des communications inquiétantes, restreignent à la fois la libre circulation des nationaux et celle des étrangers. Il en est d'autres qui refusent la seconde en accordant la première. En France, la circulation est libre dans la commune, dans le canton, dans l'arrondissement, dans le département. A la limite du département expire la liberté naturelle et commence la liberté sociale, c'est-à-dire la liberté autorisée de la part de l'État. L'autorisation est toutefois acquise de droit à tout honnête homme, non seulement pour toute la France, mais pour toute la terre. Quant aux étrangers, la France est ouverte en principe à tous les habitants du globe ; mais en fait elle ne l'est qu'aux honnêtes gens, et elle ne prend pour tels que ceux qui sont munis d'un diplôme officiel qui constate leur honnêteté. La France ne demande pas d'ailleurs l'honnêteté morale, elle se borne à l'honnêteté sociale. Elle n'exclut pas en principe tous ceux qui sont privés de ce diplôme ; mais elle n'est pas non plus, en principe, une salle d'asile pour tous les fugitifs, tous les bannis, tous les criminels, tous les fainéants. Elle règle son hospitalité sur la raison d'état.

En matière de libre circulation, il existe dans le droit des gens un principe qu'on dit *absolu* ; c'est celui que la mer est à tous ; que chacun est libre d'y suivre la route qui lui convient, et d'y faire ce qu'il veut, puisque nul n'y prend possession de rien. Mais cette liberté aussi est loin d'être tout ce qu'on dit, et il n'est pas sage de vouloir suivre, en toutes circonstances, la franchise des mers jusqu'au bout. Non seulement les côtes et les pêcheries des côtes appartiennent aux continents, mais, en cas de guerre, toute cette liberté est abolie. Même dans l'état de paix nul n'en jouit s'il n'est assez fort pour se l'assurer, et cela précisément parce que nulle autre autorité que celle d'un principe abstrait n'y domine.

Il est des sociétés qui se permettent ou permettent aux citoyens de confisquer jusqu'à la liberté personnelle, lors même qu'il n'y a pas eu de méfait social qui en rende indigne. Cette confiscation d'une existence humaine au bénéfice d'une autre constitue *l'esclavage*, si elle est absolue; le *servage*, si elle est partielle; la *servitude*, si elle est temporaire et consentie par la partie qui aliène. L'esclavage serait volontaire qu'il serait encore illégitime. Contraire aux droits inaliénables de l'homme, il est contraire à ses devoirs les plus impérieux. Il est immoral. L'homme n'est moral qu'autant qu'il est lui-même, et il n'est lui-même qu'autant qu'il est à lui, libre de sa personne. Le servage n'a qu'une partie des inconvénients de l'esclavage ; il en a trop pour être légitime. La servitude n'étant que l'aliénation ou la vente volontaire du travail, et laissant entière la liberté morale, est une des conditions légitimes de l'individu humain. Car tout le dit, et dans tous les faits éclatent ces vérités : la liberté est la nature de l'homme. Il n'a de valeur morale et de dignité sociale que par la liberté. Mais nulle liberté n'est absolue, hormis une seule : celle de Dieu.

Celle de l'homme, être fini, n'existe que dans une sphère limitée et sous une loi formelle. Cette sphère bornée et la loi faite pour cette sphère, déterminent les libertés naturelles de l'homme. Puis il n'est aucune de ces libertés naturelles que ne vienne modifier l'état social. Il n'est donc pour l'homme de liberté absolue ni dans l'État, ni dans le monde. Demander des libertés absolues dans le monde, c'est vouloir sortir de l'ordre moral de l'univers. Demander des libertés absolues dans l'état social, c'est vouloir sortir de l'état social. C'est demander un non-sens, car c'est désirer vivre à la fois dans ce qu'on appelle l'état de nature et dans l'état de société. Tout ce que peut demander le partisan le plus enthousiaste des libertés véritables de l'homme, c'est qu'entre celles que nous donne la nature et les sacrifices que nous demande la société, s'établisse une transaction qui laisse à l'homme assez de facultés pour pouvoir atteindre à ses fins dernières, et confère à l'État assez de droits pour qu'il arrive aux siennes. C'est là tout le problème des sciences politiques.

Mais ce problème est grand, puisqu'il embrasse toute la situation intellectuelle et morale de l'homme et de la société. Aussi le débat est-il ouvert depuis l'origine de l'état social, et ne sera-t-il jamais clos. Il est animé en Europe depuis trois siècles. Il n'a cessé de l'être partout où il y a eu quelque grand développement social; il a fait la gloire de la Grèce et de Rome.

Le moyen-âge n'a pu le suspendre. Depuis la renaissance il règne dans le monde moderne. Il est peu avancé encore. Des excès l'ont compromis, et au lieu de faire des progrès, on a fait des révolutions. Ainsi sont devenus suspects au citoyen tous les sacrifices que l'état social demande aux libertés naturelles de l'homme, à l'État, toutes les libertés les plus inaltérables que le citoyen est obligé de disputer à la vie sociale pour sauver la destinée morale de l'homme. La liberté elle-même est devenue, par les parodies que des peuples égarés ont jouées en son nom, un objet de haine et de terreur ; par les persécutions que des rois aveugles lui ont fait essuyer, un objet d'ivresse et d'amour ; par les rêveries et les hypothèses de quelques métaphysiciens insensés, un sujet de déclamations aussi dangereuses pour la morale que pour la politique. Pour arriver à l'état normal, sachons faire les sacrifices nécessaires, et défendre les droits inaliénables.

Si les uns s'obstinaient à demander des droits

impossibles, et les autres à refuser des libertés indispensables, où en serait la société? Au début.

M. de Schelling, qui a été le contemporain des plus grandes crises intellectuelles et sociales, a-t-il su présenter de saines théories ? Où ses adversaires ont-ils raison, en lui reprochant de favoriser en morale le déterminisme, en politique le fatalisme ?

On voit que pour mettre le lecteur à même de juger, nous avons dû exposer la question et indiquer les principes.

CHAPITRE XXXVIII.

La morale de Schelling est-elle le déterminisme?

La base de toute morale est la liberté; celle de toute liberté, la personnalité. Ni l'une ni l'autre de ces deux choses ne sont primitives pour M. de Schelling. Ce sont des résultats, des modifications, des manières d'être plus ou moins permanentes. Que sont-elles? Ce qu'elles peuvent être dans le système de la nature, car dans cette doctrine, comme dans toute autre, la question de la liberté humaine est résolue par celle de la liberté divine. Or, dans la philosophie de la nature, la substance absolue est une espèce de statue de Pygmalion qui, dans sa marche progressive, devient, d'existence aveugle, liberté, et dans la liberté, sensibilité, intelligence, volonté. « La volonté est la chose suprême. En dernière analyse, il n'y a d'autre *être* (esse) que le *vouloir*. Le vouloir est l'être ou l'existence primitive. Il a tous les attributs du primitif. Il est sans cause, indépendant du temps, affirmation spontanée et première. La philosophie tout entière n'a pour but que de trouver cette formule. » Il y a là de l'exagération, mais du moins la liberté et la volonté sont nettement posées dans la personnalité divine. En est-il de même de la personnalité humaine?

« Pour vivre moralement, tout être a besoin des mêmes attributs de liberté et de volonté que l'Être suprême. » Tel est le principe que le système de la nature proclame. Cependant ce système n'a d'autre garantie pour la liberté et la volonté de l'homme, que la volonté et la liberté de l'absolu, ou *son identité avec l'être absolu;* de telle sorte que d'abord sauvegardées par un principe général, elles risquent bientôt d'être détruites par des faits particuliers. En effet, toute espèce de panthéisme détruit la liberté de l'homme comme celle de Dieu. Quel qu'il soit il ne peut expliquer le mal dans l'univers. S'il le déclare réel, il est forcé de le placer dans la substance. S'il le déclare apparent, il le nie et ne l'explique pas. On le sait par Spinosa, qui dit tout simplement que les maux physiques sont des fictions, et qui nie de même le mal moral. « Il n'est pas un mal positif, il n'est qu'un mal négatif, et on ne peut dire qu'abusivement que l'homme pèche contre Dieu. » La théorie du bien et du mal de M. de Schelling ne semble ni plus claire ni meilleure que celle-là. Elle assigne à notre liberté, au degré de liberté qu'elle nous laisse, une double origine, car elle la distingue elle-même en liberté pour le bien et en liberté pour le mal. Notre liberté pour le bien vient de Dieu ; « mais notre liberté pour le mal ne peut pas dériver de Dieu, dit-il, car notre activité doit avoir *une racine indépendante*, au moins en ce qui concerne la liberté de faire le mal. » — On conçoit mal une liberté qui dérive de Dieu pour le bien, et d'un autre pour le mal; une liberté dont la mauvaise moitié seulement a une origine indépendante, tandis que la bonne en a une autre. M. de Schelling dit fort bien que dans l'*absolu*, la liberté est la faculté d'être d'après une forme ou une autre. Mais lorsqu'il ajoute que c'est aussi la faculté de passer de la subjectivité à l'objectivité, d'être esprit ou matière, ou ni l'un ni l'autre, et de revenir à tout instant ce qu'il veut ; lorsqu'il dit enfin que l'absolu est en soi, cause de soi, et effet de soi, ces définitions métaphysiques de la liberté divine ne nous apprennent rien sur la liberté humaine. Il dit lui-même que celle-ci est tout autre, qu'elle est relative, mais cela n'éclaircit pas suffisamment la question. En quel sens et dans quelle limite est-elle relative?

Voilà ce qu'il importe de bien déterminer. Le philosophe prend de haut pour sauvegarder d'un côté la liberté humaine, de l'autre la non-intervention de Dieu dans l'origine du mal. « Le monde primitif et absolu (toujours ce mot qui a tant d'acception, qui est tantôt le *fini*, tantôt l'*infini*) était tout en Dieu. Mais le monde actuel et relatif ne l'est plus, et s'il ne l'est plus, c'est précisément parce qu'il est devenu quelque chose en soi. L'absolu l'a conduit de telle sorte qu'il le devînt. Il a donc sa liberté et sa volonté; seulement cette liberté et cette volonté sont telles aujourd'hui qu'elles n'auraient pas dû être d'après la volonté primitive de Dieu. Dans ses dispositions primitives n'était donnée que la possibilité du mal ; le mal réalisé est notre œuvre à nous. Il s'est présenté avec le premier acte de la volonté humaine, et par cela seul qu'elle s'est posée indépendante de la volonté divine. Ce premier acte a été l'origine de tout le mal qu'il y a dans le monde des créatures. »

Mais d'abord ce ne sont pas là des déductions

de philosophie, ce ne sont que des assertions d'histoire, et pour toute cette théorie on n'a d'autre preuve que ce chapitre de la Genèse qui a été l'objet de la première dissertation de M. de Schelling. Or, pour nous et pour tous ceux qui voient dans ce texte un fait divinement révélé, cette preuve est parfaite, mais qu'est-elle pour ceux qui ne voient là qu'un *mythe*, comme le philosophe lui-même? Quand on lui a demandé où il avait pris la connaissance des dispositions primitives de Dieu et des possibilités du mal; quand on lui a objecté, qu'elle n'était pas le résultat de l'intuition, de la conscience immédiate de *l'identité de la pensée et de l'être*, et qu'elle n'était pas justifiée à ses propres yeux, qu'a-t-il répondu? Que le monde idéal, à la vérité, est inaccessible à notre *science*, mais qu'il ne l'est pas à nos *inductions*; que le monde réel donne le monde idéal. « La raison humaine, dit-il, est la science du rapport entre Dieu et le monde. Elle sait donc l'existence de l'absolu par celle de la nature. Elle a celle-ci par elle-même, puisqu'elle est la loi révélée de la nature, et que la conscience est la clef de tous les mystères. » Mais ce sont là des images, ce ne sont pas des arguments, et plus la clef qu'on nous indique était la véritable plus il fallait s'en servir pour nous conduire au sanctuaire.

En second lieu, cette théorie, qui n'est pas le fait de la philosophie, a le grave inconvénient de laisser naître le mal dans le monde par la seule volonté de l'homme. Dieu ne l'avait pas voulu. Il n'entre pas dans ses desseins, c'est malgré lui qu'il envahit le monde. Dans les théories ordinaires le mal est prévu, calculé, voulu par la sagesse suprême, dont il sert les voies et les fins d'une manière qui dépasse l'intelligence humaine. Dans celles de M. de Schelling il est une surprise, une invasion, un embarras; il est non seulement l'œuvre de l'homme, il est comme son domaine. Et l'on ne voit pas même comment Dieu y intervient, ni pour s'en servir dans le monde ni pour en débarrasser le monde.

Enfin dans cette théorie la liberté qui est laissée à l'homme pour le bien n'est pas expliquée suffisamment, et il serait impossible d'édifier un système de morale sur ce fondement jeté, pour ainsi dire, dans les nuages. Il est certain que la morale de M. de Schelling a prêté au reproche de pencher vers le déterminisme. Mais elle n'est pas le déterminisme. Elle s'est efforcée, au contraire, d'établir en faveur de l'homme, le mieux qu'elle a pu, une mesure suffisante d'indépendance et de liberté pour qu'il y eût moralité et responsabilité. Mais il est évident aussi que, sur ces questions, la doctrine de M. de Schelling manque à la fois d'étendue et de clarté ; qu'il y a consacré jusqu'ici trop peu de temps, et que c'est la partie faible de son enseignement. Nous en dirons autant de sa doctrine politique, qu'on accusait de fatalisme, et qui mérite d'autant moins ce reproche qu'elle est à peine indiquée dans ses écrits. Cela se conçoit. Les philosophes d'Allemagne s'occupaient peu de ces études dans l'ancien ordre des choses.

Il est vrai que sur la fin du dernier siècle il y eut, chez eux aussi, une grande excitation, et que les amis de M. de Schelling, Hegel surtout, suivirent les hauts enseignements de l'époque avec une vive préoccupation. Hegel s'y associa complétement et fut Français de cœur, et même dans sa gazette. Son jeune ami demeura plus calme et fut plus réservé. Sa position l'exigeait, tout lui commandait la prudence, et rien ne sollicitait sa parole. La jeunesse des écoles ne s'associait sérieusement à aucune doctrine qui eût mérité l'attention du professeur de philosophie. Aujourd'hui les choses ont changé. D'étranges théories ont trouvé en Allemagne de nombreux et de chauds partisans, et si ce n'est pas le cas de les discuter dans l'enseignement supérieur, ce serait le cas assurément d'en professer l'antithèse, la vraie science, celle de la raison et de l'expérience. Il y aurait là pour des penseurs éminents une brillante mission à remplir dans quelques-unes des grandes chaires de philosophie, et cette mission personne ne la remplirait mieux que ceux qui sont en possession d'une grande autorité. Mais M. de Schelling est entré depuis trop longtemps dans un ordre d'idées auquel il attache plus d'importance, et il n'est pas à prévoir qu'il donne jamais aux sciences morales un temps plus complet. Pour caractériser ses tendances politiques, nous ne ferons pas ce qu'il n'a pas voulu faire lui-même, nous ne *déploierons* pas ses opinions. Nous nous bornerons à en indiquer le caractère général. Cela est aisé. Comme l'individu social n'est que l'individu humain sur un autre degré, aux yeux de M. de Schelling l'un n'a pas plus que l'autre de liberté absolue. L'un comme l'autre se trouve au contraire dans des conditions données, et ne saurait aller au-delà. Cela est parfait dans sa généralité. Mais nous l'avons dit, les généralités posées, il s'agit de bien déterminer la mesure de liberté publique qu'il convient d'accorder à l'homme, d'abord en raison de sa liberté naturelle, ensuite en raison de la situation où se trouve le corps social auquel il appartient. C'est sur ces deux bases, ces deux principes relatifs, que repose la vraie science. Les principes absolus ne donnent que des généralités stériles, ou des utopies insensées. Et c'est pour cela qu'il importe à l'Allemagne, plus qu'à nul autre pays civilisé, de donner une grande place à l'enseignement de la morale appliquée à la politique. De quelques principes de la *Philosophie de la nature* on a inféré, tantôt que M. de Schelling ôtait à l'homme toute liberté et le soumettait à la loi d'un développement donné par sa nature, tantôt qu'il lui assurait une liberté illimitée, ayant le droit absolu de suivre la marche qui lui est tracée par la nature, et de repousser comme une infraction à ce droit tout ce qui tendrait à en gêner la jouissance. Il est à croire que si M. de Schelling avait manifesté sur ces questions sa pensée tout entière, ses théories sociales se présenteraient en définitive sous des formes aussi acceptables que ses conclusions religieuses. On voit du moins dans celles-ci qu'il est plus volontiers de l'avis de tout le monde que seul du sien, et l'on voit par une de ses hypothèses favorites que nous avons déjà indiquée et qui n'a plus guère de partisans, celle d'une civilisation primitive, qu'il aime encore mieux trancher les questions sociales en poëte qu'en philosophe. « L'état de civilisation, dit-il, est l'état primitif du genre humain. L'origine des empires, de la science, de la religion et des arts, est contemporaine ou plutôt identique. Tout cela s'est trouvé uni primitivement comme il le sera un jour de nouveau au dernier degré du développement social. » De telles vues, des espérances aussi naïves à la fois et aussi sublimes, ne sont guère le fait d'un fataliste.

Voilà donc, je ne dirai pas les théories, mais les indications de M. de Schelling sur la politique, la morale et l'anthropologie. Résumées dans une langue qui ne leur est pas favorable, et dépouillées de cette magie de style dont elles sont revêtues dans les écrits de l'auteur, elles ont peut-être quelque chose d'étrange, comme la cosmologie et la théodicée dont elles découlent. Toutefois elles n'ont, ni les unes ni les autres, les tendances que leur reprochent des adversaires passionnés. Pour achever de s'en convaincre, on n'a qu'à considérer l'influence que M. de Schelling a exercée depuis quarante ans. On peut être certain que dans un pays religieux et grave comme l'Allemagne, dans un pays où les études sont sérieuses et élevées, un philosophe enseignant le panthéisme et le fatalisme eût été bien vite jugé, et que, loin de garder un beau rang parmi les penseurs les plus distingués, M. de Schelling n'eût pas tardé à perdre l'ascendant un moment conquis par l'élévation et la beauté de sa parole, s'il avait professé réellement les doctrines que semblaient annoncer ses premiers écrits. Son influence a-t-elle été générale et sera-t-elle salutaire ? La *philosophie de la révélation* sera-t-elle le correctif complet de la *philosophie de la nature* ? La *philosophie de la mythologie* se détachera-t-elle un jour assez nettement de la première pour que celle-ci arrive à un état de pureté qui satisfasse à la fois la révélation et la raison? Cela serait trop beau, je ne l'affirmerai pas; j'indiquerai ce qui, selon moi, peut être indiqué dès aujourd'hui.

CHAPITRE XXXIX.

L'influence de Schelling sur l'Allemagne.

Je pourrais être plus ambitieux, je pourrais parler de son influence sur son siècle. J'aurais tort. Ils sont fort rares les hommes qui remuent, non pas un pays, mais le monde, les Grégoire VII, les Luther, les Voltaire. Les conquérants et les législateurs ont quelquefois cette gloire, les penseurs jamais. Ils agitent plus aisément la postérité que leurs contemporains. Les plus grands d'entre eux sont ceux qui ébranlent leurs concitoyens. Platon et Aristote, Pascal et Montesquieu n'ont eu de leur vivant que ce privilége. J'aurais donc tort, même *à priori*, de parler de l'influence de M. de Schelling sur son siècle. Il n'en peut pas être question. Son nom est répandu partout, ses écrits ne sauraient l'être.

On essaie de les traduire dans certaines langues, ils ne peuvent passer dans d'autres. Mais, dans son pays, son influence a été grande. Sans doute, sa doctrine n'est pas aussi nouvelle que l'a cru l'Allemagne un instant éblouie, que l'ont dit ses partisans sous le charme de ses premières pages. Kant et Fichte l'avaient préparée. Elle était ébauchée depuis Spinosa, les Gnostiques, Platon et Xénophane. A Spinosa est emprunté le principe de l'unité, l'absolu qui est *l'être et la pensée*, ou la substance *qui est en tout et dont tout ce qui est n'est que mode ou partie*. A Platon est emprunté le principe de l'idée (ou du type) que chaque chose porte en elle et qu'elle suit dans son développement individuel ; aux Gnostiques appartiennent ces idées de *dissémination*, de *retour* et de *repos*, que M. de Schelling a données pour conclusion à sa doctrine ; aux textes sacrés, sa théorie fondamentale sur la chute et la rédemption ; à la mythologie, les principaux traits de sa pneumatologie.

Il faut convenir néanmoins que si M. de

Schelling a suivi des textes et des maîtres, il en a combiné les doctrines avec un rare talent, et que de chaque théorie empruntée il a su faire l'usage le plus habile. Sa *Philosophie de la nature,* qui est jugée, est d'une élévation et d'une hardiesse dont n'approchait aucune des formes anciennes du panthéisme. Aussi, cette conception si complète, embrassant l'absolu et le moi, le monde moral et le monde physique, la philosophie et la religion, la mythologie et l'histoire, la poésie et les arts, vint-elle saisir fortement les esprits. Elle exerça l'influence la plus profonde sur toutes les études de la savante nation à qui s'adressait le poétique philosophe. Et, depuis près d'un demi-siècle, toutes les sciences, l'étude de la religion, la médecine, le droit, la littérature et les arts ont reçu de lui une impulsion ou des formes nouvelles dans son pays. C'est à ce point que ceux qui n'ont pas suivi ses ouvrages ne comprennent pas l'Allemagne ; ils n'entendent pas l'idiome qu'elle parle, tant la pensée et le langage d'une école ont passé dans les habitudes générales. Celle des sciences où l'influence de la philosophie se fait le moins sentir ailleurs, la religion est toute empreinte de son cachet, et les hommes les plus éminents qui ont écrit dans le Nord depuis quarante ans sont inintelligibles au profane qui n'est pas initié aux idées de la philosophie moderne. Toute cette grande lutte entre le christianisme et le déisme, qui a passé au commencement du dernier siècle de l'Angleterre et de la France en Allemagne, et qui y divise encore les esprits, a pris dans la *Philosophie de la nature* et dans celle d'un élève de M. de Schelling un aliment nouveau. Le fameux livre de M. Strauss, qui est venu tirer les dernières conséquences d'un des côtés du système de Hegel, n'est qu'une édition revue et complétée du fameux livre de Lessing, qui résumait Bolinbrocke et Voltaire au dernier siècle.

M. de Schelling n'a pas autorisé ces conséquences, il les a désavouées de la manière la plus éclatante; il a repoussé avec indignation les reproches d'impiété que lui adressait un écrivain distingué. Mais ces conséquences se sont développées d'elles-mêmes, elles sont sorties naturellement du débat provoqué par ses ouvrages et ceux de son disciple le plus éminent. On ne saurait donc contester l'influence de sa philosophie sur l'Allemagne. On ne saurait non plus mettre en question le génie de son auteur. Pour jeter un pays grave dans une agitation aussi profonde, il faut une grande puissance de style ou de pensée, deux choses qui se séparent mal. Toutefois, la critique ne se laissa pas éblouir par une apparition plus brillante que durable. Dans cette doctrine qui expliquait l'énigme du monde en vertu d'une intuition, elle signala non seulement des lacunes immenses et une profonde obscurité laissée après tant d'éclairs; mais elle se récria dès le début contre les conséquences désastreuses que les uns et les autres, partisans et adversaires, venaient en tirer. Partout ailleurs la doctrine de M. de Schelling, présentée sous une forme très abstraite et très scientifique, eût trouvé peu de partisans. Dans un pays de méditation philosophique, où le voile qui couvre la pensée est un attrait de plus, le langage un peu mystérieux d'un esprit aussi brillant fut un élément de succès, et valut au philosophe un plus grand nombre de sectateurs. Si jeune qu'il fût, et du vivant de Kant et de Fichte, il fut placé, dans l'opinion des écoles, à côté de l'un et au-dessus de l'autre. Son apparition sur l'horizon philosophique, bien différente de celle de Kant qui ne se fit remarquer que lentement, fut une rapide prise de possession suivie d'une révolution complète, à tel point impétueuse et ardente que l'auteur s'en alarma lui-même.

En effet, sa doctrine était à peine esquissée qu'au midi comme au nord on la prôna comme le dernier mot de la philosophie, et qu'on en appliqua les principes à toutes les sciences. Klein, Steffens (Suédois plein d'enthousiasme et de loyauté, mais d'une raison faible et d'un goût médiocre, ainsi que l'atteste sa triste biographie écrite par lui-même), Troxler (Suisse), Oken (de Bade, aujourd'hui encore professeur éminent à Zurich), Windischmann, Scheller, François de Baader (de la Bavière), Kieser, Charles Schelling (médecin, frère du philosophe), Schubert, le baron de Walter, Weber, Burdach et Hegel s'attachèrent aux principes généraux de la science. Ast, Thanner, Rixner, Creuzer, Solger, Goerres, Luden, Daub, Zinner, Krause, Kanne, et beaucoup d'autres, les appliquèrent à diverses branches du savoir.

Cependant, celui de tous les *schellingiens*, car ce nom fut pris, qui fit faire les plus grands pas à la pensée du maître, Hegel, fut bientôt un de ceux qui la combattirent le plus ouvertement. Hegel, esprit sérieux, logique, formé par d'excellentes études, voyant tout à coup les écoles de philosophie envahies par une sorte de poésie qui donnait le vertige à tout le monde et jetait dans les illusions les plus singulières une jeunesse fascinée par l'éclat du talent, s'écria avec douleur que « les vrais philosophes

ne conféraient pas à leur imagination le droit de faire des systèmes de quelques aperçus généraux, sans égard pour d'immenses lacunes. »
« Nageant dans une sorte de clair-obscur, et courant à la jouissance, ces imprudents disciples vont éteindre, ajoutait-il, la faible lampe que vient d'allumer le maître. »

Cela était vrai. Ce nouvel *organe* de la spéculation philosophique que venait de découvrir M. de Schelling, si l'on ne veut pas accorder l'honneur de l'invention à Plotin, l'*intuition intellectuelle*, pouvait facilement être confondue avec l'imagination poétique. Cela était arrivé une première fois, non pas à l'école d'Alexandrie, comme on le dit vulgairement, mais à celle d'Athènes, détachée d'Alexandrie ou répudiée par cette ville [1]. Or, l'abus que firent de cet *organe* les enthousiastes, qui ne manquent jamais aux créateurs de systèmes, décrédita singulièrement la *Philosophie de la nature*.

[1] Voyez mon *Histoire de l'école d'Alexandrie*, 2ᵉ édit., t. I, pag. 332-350.

Hegel, avant que cela se fît, mais prévoyant que cela devait arriver, essaya de tirer, des esquisses et des aphorismes publiés par son jeune ami, une doctrine logiquement complétée et fortement construite. Mais cette tentative le conduisit où souvent conduisent l'étude approfondie d'une cause et le désir de la défendre. Il reconnut que les fondements du système manquaient de solidité et demandaient des modifications profondes. Il y travailla si bien qu'il se vit amené, comme malgré lui, à passer de la phalange des partisans dans le camp des neutres, en attendant qu'il joignît celui des adversaires. M. Oken, qui a rendu aux sciences naturelles des services si éclatants, et Wagner, qui est peu connu parmi nous, prirent une attitude analogue.

Bientôt M. de Schelling eut des antagonistes prononcés et nombreux. Tous les fichtiens, tous les kantiens et tous ceux qui se rattachaient aux doctrines très perfectionnées alors de Wolf, le combattirent ensemble. Un penseur justement estimé, croyant et pieux, Jacobi, dont le frère occupait dans la nouvelle France un poste honorable, l'accusa de professer un panthéisme qui n'était au fond qu'un *athéisme légèrement intellectualisé*. Un savant prélat, le docteur Süsskind, montra dans un *Examen de la doctrine de Schelling sur Dieu, la création, la liberté, le bien et le mal* (1812), que de cette doctrine on déduirait aisément l'identité du physique et du moral, tout aussi bien que l'identité du moral et de l'immoral, conséquence qui ne fut pas repoussée comme le demandait l'intérêt de Schelling. Un de ses anciens partisans, Eschenmayer, vint dire que cette doctrine, détruisant la personnalité et la liberté, anéantissait la morale, et il faillit en compromettre l'auteur avec la politique, si jalouse de tout ce qui peut affaiblir l'appui qu'elle réclame dans les consciences et dans la raison. Un homme d'une grande renommée, Fichte, se borna à défendre contre M. de Schelling son propre système attaqué. L'élégant Bouterweck et le grave Fries protégèrent celui de Kant, qu'ils modifiaient tous deux, mais qu'ils ne voulaient pas voir s'écrouler. L'excellent Krug, qui a laissé d'utiles compilations et de nombreuses brochures, les unes politiques, les autres religieuses, se battit pour le sens commun, comme il avait l'habitude et les moyens de se battre. Un écrivain aussi religieux et plus savant que Jacobi, Koeppen défendit la cause de la révélation, qu'il concevait d'une manière forte et nette, et à laquelle M. de Schelling ne rendait pas alors les mêmes hommages qu'aujourd'hui. Je passe sur Weiller et Berg, et beaucoup d'antagonistes moins célèbres.

Ce que toute cette polémique, qui eût jeté l'Allemagne dans une plus vive excitation, si elle n'eût coïncidé avec des guerres plus sérieuses, offrait de plus bizarre, c'étaient les changements de bannières qui se croisaient dans tous les sens. En effet, quelques-uns des philosophes qui avaient embrassé la doctrine de M. de Schelling avec le plus d'enthousiasme furent poussés d'évolution en évolution jusque dans les rangs de ses plus chauds adversaires. Tout ne se passa pas d'ailleurs dans la sphère des abstractions, et quoique le débat se fût élevé sur des questions purement spéculatives, bien abstraites, les considérations de position et de personne, d'avancement et d'avenir exercèrent sur les convictions des combattants ces influences qu'on trouve si mauvaises dans les affaires plus positives. Ainsi, quand Hegel, dont le rôle avait été si beau au second rang, fut parvenu au premier à Berlin, la grande scène du monde philosophique d'Allemagne, on ne fut pas *hegelien* ou schellingien dans les livres seulement, on le fut partout. Tout, dans cette haute sphère, comme dans les régions inférieures de la spéculation germanique, se fit hegelien, anti-hegelien ou semi-hegelien, ou bien schellingien, semi-schellingien et anti-schellingien. Ce fut à peine si d'autres philosophes, Herbart et Krause, par exemple, conservèrent encore quelques partisans, et si l'on toléra quelques éclectiques aussi distingués que MM. Gerlach, Trendelenburg et Benecke.

Un privilége qui n'a jamais été contesté à M. de Schelling, c'est son talent, qui est brillant sans être complet. Il est peu d'esprits qui l'égalent dans l'art de concevoir et d'exposer les problèmes, dans celui de les élever à toute leur hauteur, et de les traiter avec tout l'éclat que peut donner le langage. En un mot, pour tout ce qui est propre à inspirer de l'enthousiasme à de jeunes disciples, et à des lecteurs encore mobiles, il est un maître unique. Mais il n'en est plus de même quand il s'agit de discuter, d'analyser, de conclure. La clarté de la pensée et la sûreté de la méthode, qui seules peuvent conduire à des résultats positifs, font défaut à son génie dans les hautes sphères de la spéculation, et au bout d'une course glorieuse qu'il vous fait faire, la science, qui devrait se montrer resplendissante de lumière, est à peu près aussi voilée qu'au début.

Il est un autre mérite que personne ne lui

contesta, c'est une érudition complète, et le don d'en tirer un parti séduisant. Mais je l'ai dit, sans lui disputer l'honneur d'avoir présenté sa doctrine sous des formes nouvelles, on lui disputa sa doctrine. « C'est celle des Éléates, des Gnostiques, de Boehme, de Spinosa et de Hegel [Voir la brochure de M. Michelet de *Berlin, Schelling et Hegel*]. Faites la soustraction de ce qu'il leur a pris, disent ses adversaires, et il ne lui restera que la broderie qu'il a su jeter sur une robe bigarrée, composée de tant de pièces diverses. » Mais d'abord, si la robe est belle, pourquoi, au lieu d'admirer le génie de l'artiste, le chicaner sur les étoffes dont il l'a faite? Ensuite pourquoi exiger de l'homme qu'il crée, du philosophe qu'il invente? N'est-ce pas assez pour le penseur d'avoir découvert? Et si sa doctrine est bonne, si elle est seulement d'une nuance meilleure que celles qui l'ont précédée, il faut couronner celui qui a soulevé un coin du voile, sans le rendre responsable de ce qu'un autre demeure caché encore. C'est ce que l'Allemagne a parfaitement compris. Quelques enthousiastes ont pu se tromper, et M. de Schelling a pu se tromper lui-même sur la nouveauté de sa philosophie de la nature, sur la portée de la théorie qui lui servait de base. Ils ont pu se flatter que désormais la nature des choses serait dévoilée aux regards de l'homme. Les philosophes sensés n'ont jamais eu cette illusion. Ils ont vu dès le début, dans la doctrine nouvelle, le défaut d'un fondement assez solide pour supporter à la longue un édifice aussi immense. Ils ont aperçu du premier coup d'œil la grande aberration où s'était jetée une des plus nobles et des plus hautes intelligences. Dès qu'ils ont vu qu'en dernière analyse son départ était une *simple affirmation*, ils ont prédit qu'en fin de compte le résultat de la longue méditation d'un génie éminent ne serait non plus qu'une simple *affirmation*. En effet, quand il a posé *l'unité du sujet et de l'objet, du moi et du monde, de Dieu et du monde*, ils ont jugé qu'en théorie on pouvait bien affirmer cette identité, mais qu'en fait la raison ne pourrait pas la prouver, que le hardi penseur partait d'une hypothèse au lieu de partir d'un principe, et qu'il ne pouvait aboutir dans cette voie qu'à d'autres hypothèses. Ils n'en ont pas moins rendu justice à la généreuse confiance de sa tentative. Ils savaient que le vice de sa doctrine est pour ainsi dire le fait de l'intelligence humaine, qui ne saurait avoir l'unité, par la raison qu'il entre dans les plans de la sagesse divine de la lui faire chercher toujours, sans permettre qu'elle la trouve jamais. L'arbre de la science parfaite, dont le fruit nous rendrait semblables à Dieu, est à jamais défendu à l'homme.

L'unité étant la vérité, et la vérité n'étant qu'en Dieu et pour Dieu, il était assurément plus sage de renoncer à l'étude d'un problème insoluble. Mais, à tort, sans doute, la philosophie allemande avait fait de ce problème, de l'unité de l'objet et du sujet, la question par excellence, et l'on sut gré à M. de Schelling de l'avoir traitée après tant d'autres avec une puissance de conception toute nouvelle. Décidé à se passer d'un résultat positif, vu qu'il était impossible, on se contenta de la belle poésie en prose qu'on recevait sur l'inconnu, et l'on applaudit le hardi nautonnier d'être revenu tel quel d'un gouffre où son esquif devait se perdre comme tant d'autres.

Mais dans cette indulgence même était la condamnation de la doctrine de M. de Schelling, et dans tout autre pays peu de gens eussent suivi un homme qui se présentait sur les traces de Spinosa, de Berkeley, de Hume, de Kant et de Fichte, dont les aberrations étaient si patentes, sans vouloir éviter ces aberrations ; un homme qui s'était jeté à son début dans l'idéalisme, sauf à en sortir pour se perdre dans le panthéisme, d'où il ne put se dégager qu'en partie, et que par une conversion immense, si habile et si discrète qu'elle fût. L'Allemagne, au contraire, suivit M. de Schelling dans toutes ses pérégrinations. Les aberrations du philosophe, elle le savait, tiennent à la nature de la raison humaine, et à l'ambition qui en méconnaît les bornes, à cette témérité d'esprit qui se croit plus haut élevée à mesure qu'elle se fait plus exclusive.

Mais aussitôt que le cycle complet des hypothèses fut parcouru avec M. de Schelling, on abandonna *la philosophie de la nature*. Et son auteur lui-même, depuis trente ans, ne l'a plus professée dans sa chaire et l'a si complétement abandonnée que, dans son pays, il n'en est plus question qu'en histoire.

Ceux des contemporains de M. de Schelling qui savaient la philosophie et ses limites avaient refusé dès l'origine de l'accepter pour guide. Les autres devaient bientôt reconnaître dans leurs propres doctrines la témérité de la sienne. Celle de Hegel ne fit que rendre plus évidente l'impuissance de la raison qui s'obstine à la poursuite d'un problème dont la solution lui est refusée. Dès-lors la philosophie de l'Allemagne se hâta de descendre de la sublime impasse où elle s'était élevée dans d'audacieux élans, et ne pouvant tenir l'absolu de la *philo-*

sophie de la nature, elle le demanda à ce qu'elle appelle la *philosophie de l'esprit,* ce qui fut la grande affaire de Hegel, en attendant qu'elle vînt le demander à la *philosophie de la révélation,* ce qui rendit à M. de Schelling le sceptre un instant tombé de ses mains.

Il était beau de recourir à celle-ci, mais c'était dire tout haut que, trop longtemps, le débat avait roulé sur une *question désespérée,* le lien qui unit le sujet et l'objet ; que ce lien est insaisissable ; qu'il y a jonction, sans doute, mais que le pont qui la forme n'est accessible qu'à l'un des deux bouts, le moi ; que l'autre bout, *celui-là même qui pose sur la rive opposée, est inconnu et doit demeurer inconnu ;* que l'intervalle qui les sépare est pour nous un abîme, et que la main de l'homme ne saurait le combler par la raison que c'est la main de Dieu qui l'a creusé. Le suprême est infini, et l'homme fini.

Quoique la théorie fondamentale de la philosophie de la nature échouât complétement, et que la question qui avait si vivement occupé la pensée première de M. de Schelling n'eût pas obtenu de solution, sa doctrine avait profondément remué les esprits et l'avait mis à la tête de l'Allemagne. Une fois cette position prise, il tenait à la garder, et quoiqu'il ne se fît aucune illusion sur ce qu'il venait d'accomplir, il ne se découragea pas. La pensée de l'homme, si neuve qu'elle soit, n'est qu'une forme de plus d'une vérité qui n'a de formes que pour nous, mais en a d'infinies. Il le savait, et philosophe aussi fécond qu'éminent, loin de déchoir, il sut prendre successivement, dans l'étude des beaux-arts, dans celle de la mythologie et dans celle des sciences religieuses, le haut rang qu'il occupait déjà dans les sciences spéculatives. Et ce rang il sut le prendre sans cesser d'être philosophe. Je dis qu'il le prit successivement. Ce n'est pas chose facile dans un pays où tout le monde est savant de se mettre à la tête et d'y rester. Quand M. de Schelling quitta l'enseignement pour le secrétariat d'une académie, Hegel, son plus ancien ami, s'empara vivement de la place qu'il laissait vacante, publia coup sur coup ses deux principaux ouvrages, et alla s'installer d'abord dans la chaire de philosophie de Heidelberg, puis dans celle de Berlin, d'où il régna en maître, rejetant son maître sur le second plan. Pendant près de quinze ans son empire fut incontesté, et pendant tout ce temps M. de Schelling, comme étourdi par cette brusque usurpation, garda en philosophie le silence. Il publia, à la vérité, une préface où il appréciait la doctrine de M. Cousin, ou ce qu'il appela la méthode philosophique de l'école française, et réfutait la doctrine de Hegel, en cherchant à démontrer qu'il faussait d'une manière imprudente les conceptions fondamentales de son ancien maître. Mais c'était là à peine rompre le silence, et quand on le voyait, dans un pays aussi fécond en écrits, se borner à une préface au milieu du plus grand mouvement, on se persuadait qu'il était arrivé au terme de sa méditation, qu'il avait payé à la métaphysique son tribut tout entier, et que ne pouvant y ressaisir le sceptre, il n'aspirait plus qu'à le prendre dans la philosophie des beaux-arts et dans celle de la mythologie. Hegel, dont la logique et la phénoménologie de l'esprit avaient éclipsé la *philosophie de la nature*, Hegel le joignit encore dans cette lice. Il lui disputa la supériorité dans les beaux-arts par son *Esthétique*. Il opposa son *Histoire de la philosophie* et sa *Philosophie de l'histoire* à la *Philosophie de la mythologie*. Et comme il occupait la première chaire de l'Allemagne, son influence l'emporta sur celle de son noble rival. Cela est incontestable.

Mais le règne de Hegel fut court, et M. de Schelling, en allant prendre à son tour la chaire de Hegel et de Fichte, montra bientôt qu'il avait un mot à dire encore, et que pour le dire il n'avait attendu qu'un lieu et un temps opportuns. En effet, on vit bientôt que, dans l'intervalle, M. de Schelling n'avait pas perdu son temps; qu'il était, au contraire, arrivé à une doctrine différente de son point de départ; qu'après avoir parcouru un cycle complet, il avait modifié sa terminologie autant que sa doctrine, et que si sa théorie première avait fléchi sous le poids de la pensée commune, son talent n'avait subi aucune métamorphose.

Un changement profond était survenu dans les études du philosophe. A sa science de prédilection, à la *philosophie de la nature*, cette reine d'idéale allure et de libre création, à cette audacieuse abstraction que le public appelait il y a quinze ans le *panthéisme* de Schelling, l'auteur avait substitué une théorie nouvelle. Loin de se laisser dominer par qui que ce soit, doué d'une prodigieuse capacité de travail et d'une grande sagacité, en possession d'une érudition qui étonne même en son pays, appelé dans ce pays à la dictature de la pensée, il avait tout fait pour la ressaisir, en créant la science la plus nécessaire à la religieuse et philosophique Allemagne, j'entends la *philosophie de la révélation*. Il n'avait pas disputé l'empire à Hegel tant que, par sa position, il s'était trouvé hors d'état de lutter avec ce géant grandi dans les plus rudes travaux. Il s'était tu avec dignité pendant l'autocratie de son ancien disciple. C'est à peine s'il avait ouvert la bouche pour répondre à certaines objections trop véhémentes pour être passées sous silence. Il avait fait à peu d'adversaires l'honneur de les réfuter. Il avait montré, en cela d'accord avec tout le monde, qu'il aimait peu qu'on l'attaquât, et Herbart avait pu le faire remarquer avec raison. [Uber die Unangreifbarkeit der Schellingschen Lehre.] Enfin il n'avait réfuté complétement les arguments d'aucun de ses antagonistes, voulant abandonner à sa doctrine et à ses disciples le soin de se défendre.

De tout cela, il était résulté une chose étrange. Annoncée avec plus d'enthousiasme et repoussée avec plus d'hostilité que nulle autre, la *philosophie de la nature* avait eu un singulier temps d'arrêt. M. de Schelling et ses disciples les plus éminents l'avaient quittée, les uns en gardant le silence, les autres en la modifiant dans ses détails et dans ses expressions, d'autres encore en conservant quelques-uns de leurs principes. Déjà cette théorie, d'ailleurs considérée comme une des solutions les plus ingénieuses qu'on eût tentées jusqu'ici de l'insoluble énigme qui est donnée à l'intelligence humaine sur le vaste théâtre de son éducation première, semblait tombée dans l'oubli avec le nom de son auteur, et la jeunesse savait à peine que Schelling fût encore au nombre des vivants, lorsque tout à coup il reparut dans la première chaire de la philosophie allemande, exposant avec toute la vigueur de la maturité, devant le plus nombreux et le plus imposant auditoire qu'on ait jamais vu dans Berlin, les fruits d'une longue méditation, les éléments de deux sciences des plus graves. Je ne dis pas de deux sciences nouvelles, car la philosophie de la mythologie et la philosophie de la révélation ne sont pas des découvertes. Toutefois elles sont exposées comme d'heureuses nouveautés par le brillant vieillard qui donne à la raison humaine une leçon si éclatante en la ramenant aux textes de la révélation, et qui renoue si bien la chaîne des temps en étudiant les traditions des peuples. Puisse-t-il accomplir sa noble tâche, achever ce qu'il a esquissé dans quelques leçons rapides, dégager ce qui est pur de l'alliage qui l'altère, éclaircir ce qui est encore obscur, et graver lui-même son nom en caractères ineffaçables sur les tables d'une époque illustrée par de grandes crises. L'avenir de sa doctrine est à ce prix. Elle ne restera qu'autant qu'elle sera exposée d'une manière complète et complétement nette. Restera-t-elle? Peut-on en prévoir l'avenir?

CHAPITRE XL.

De l'avenir de Schelling.

Jusqu'ici toute doctrine qui s'est fait jour au monde a grandi et s'est éteinte, comme puissance régnante, avec l'intelligence qui l'avait enfantée.

Il en sera de celle de M. de Schelling comme il en a été de toutes celles qui l'ont précédée.

Il en sera de même de toutes celles qui la suivront.

La créature n'est qu'un créateur éphémère. Notre empire tombe quand nous tombons nous-mêmes. Nos idées restent, mais après nous elles ne règnent plus par nous, elles règnent par d'autres. Les morts obtiennent du respect et des fleurs; les vivants seuls, le sceptre et la soumission. J'ignore ce que l'histoire dira des opinions anciennes de M. de Schelling; quant à ses dernières tendances, tant que vivra le christianisme, qui n'a jamais mis en doute sa perpétuité, le nom du philosophe de Léonberg devra être cité parmi ceux qui, après avoir cherché la vérité partout ailleurs, ont fini par reconnaître et proclamer qu'elle se trouve sous sa forme la plus pure dans les textes mêmes de la plus ancienne révélation, mais qu'il faut savoir l'y chercher.

FIN.

TABLE DES MATIÈRES.

	Pages
Préface.	I
Objet et plan de cet ouvrage.	1
Chapitre Ier. Schelling à Tubingue.	9
— II. Schelling à Leipzig.	11
— III. Schelling à Iéna.	14
— IV. Schelling à Wurtzbourg.	17
— V. Schelling à Munich.	21
— VI. Schelling à Erlangen.	27
— VII. Schelling de retour à Munich.	29
— VIII. Schelling à Berlin.	32
— IX. Les ouvrages de Schelling.	35
— X. Du style de Schelling.	45
— XI. L'idéalisme, le scepticisme et le dogmatisme de Kant.	49
— XII. L'idéalisme de Fichte.	54
— XIII. La réforme de Schelling. — Le point de départ.	58
— XIV. Le point d'arrivée. — L'idéalisme objectif.	63
— XV. La philosophie de la nature.	70
— XVI. La nécessité et la liberté.	80
— XVII. Dieu et la nature.	83
— XVIII. Les puissances de la nature.	88
— XIX. La loi et la vie de la nature.	93
— XX. La philosophie de l'esprit.	104
— XXI. La philosophie de la révélation.	119
— XXII. Dieu et la Trinité.	135
— XXIII. La Trinité ou les trois puissances devenant trois personnes.	145

	Pages
Chapitre XXIV. Le mal et la chute.	153
— XXV. La pneumatologie, ou les anges et les démons.	159
— XXVI. La rédemption et la palingénésie.	166
— XXVII. Le Christianisme et la Mythologie.	171
— XXVIII. L'Église.	175
— XXIX. Appréciation de la doctrine de Schelling.	181
— XXX. De la poésie, de la mythologie et du mysticisme de la doctrine de Schelling.	185
— XXXI. De la métaphysique de Schelling. Est-elle un rationalisme stérile ?	188
— XXXII. La philosophie religieuse de Schelling est-elle le panthéisme ?	190
— XXXIII. Suite. Ce que c'est que le panthéisme.	195
— XXXIV. Suite et fin. La philanthropie religieuse de Schelling est-elle panthéiste ?	206
— XXXV. L'anthropologie de Schelling aboutit-elle au fatalisme ?	211
— XXXVI. Suite. Ce que c'est que la liberté.	223
— XXXVII. Suite et fin. Ce que c'est que la liberté politique.	241
— XXXVIII. La morale de Schelling est-elle le déterminisme ?	266
— XXXIX. De l'influence de Schelling sur l'Allemagne.	279
— XL. De l'avenir de Schelling.	304